メンタルトレーニングの基礎

[第 2 版]

～今ここに全力を尽くす～

編著　石村 宇佐一
　　　丸山 章子

Foundation of mental training
second edition

ふくろう出版

まえがき

誰にとっても、学ぶことは難しい。学習にはさまざまな越えがたい障害がある。この障害を乗り越える方法がないだろうか。本書は、心を鍛える難しさを感じるスポーツ選手、中・高校生が体験的に学ぶ方法を模索したものである。

この度、本書の第2版刊行を機会に丸山章子先生に編著者として加わってもらった。彼女に学生時代からメンタルサポートを行い、トランポリン競技でシドニーオリンピック出場し6位入賞を果たした。彼女は大学教員になり、私とメンタルトレーニングの共同研究を行いロンドンオリンピック、東京オリンピック、パリオリンピックとオリンピック選手を育てた。オリンピアンを育てた経験はとても貴重で、その体験をこの著書改編に関わってもらった。

最高のパフォーマンスを発揮するための3要素に加え、5ステップ・アプローチは、これまでのメンタルトレーニングの指導過程で、3人の研究著書を参考にしてきた。その第1は、マイクス（Jay Mikes）の著書『Basketball Fundamentals－A Complete Mental Training Guide』で、最高のパフォーマンスを発揮するための 3C's である集中（Concentration）、冷静（Composure）、自信（Confidence）の3要素を中心としている。第2に、ユタ大学教授でありNBA ユタジャズチームの心理サポートをおこなったキース・ヘンセン（Keith Henschen）の心理スキル項目を取り上げた。そして第3は、テリー・オーリック（Terry Orlick）教授の著書『IN PURSUIT OF EXCELLENCE』である。この本に、心理的スキルトレーニングで、禅アプローチの章があった。日本独自のメンタルトレーニングを指導することの必要性を感じた。

本書は、これまで実践してきたバスケットボール選手、トランポリン選手、ライフル射撃選手、弓道選手、サッカー選手、野球選手、卓球選手、バドミントン選手、ボクシング選手、ゴルフ選手のメンタルトレーニングと心理サポートの指導経験を基にまとめたものである。

この5ステップエクササイズとは、（1）目標設定、（2）リラクセーション、（3）集中、（4）イメージトレーニング、（5）セルフトークである。これら5つの心理的スキルトレーニングは互いに関連し補い合っており、1つでも欠けると最高のパフォーマンスを発揮することはできない。このワークブックでは、知的理解に加え、実践的技術の獲得を重視しており、体験型の学習が不可欠である。これを本書の特色にしようと考えた。

最後に、この著書を利用して、自分流のメンタルトレーニング法の開発に挑戦してほしい。「教育」、「研究」の課題に加え、メンタルトレーニングの知識や技術が他の分野にも十分活用されることを強く希望する。

2024年9月

石村　宇佐一

丸山　章子

目　次

まえがき

序章　はじめに　〜メンタルトレーニングを始めるまえに〜 --------- 2

1．メンタルの力を支えるもの _____ 2

 1）思考 _____ 2

 2）行動 _____ 2

 3）感情 _____ 2

2．メンタルの土台つくり _____ 2

 1）メンタルヘルス（Mental Health） _____ 2

 2）ハーディネス（Hardiness） _____ 3

 3）レジリエンス（Resilience） _____ 4

  問題・課題 _____ 6

第1章　メンタルトレーニングとは ----------------------------- 7

1．メンタルトレーニングの意義 _____ 7

2．メンタルトレーニングの目的 _____ 7

3．メンタルトレーニング小史 _____ 8

 1）メンタルトレーニングの歴史　世界 _____ 8

 2）メンタルトレーニングの歴史　日本 _____ 9

4．メンタルトレーニング _____ 9

  問題・課題 _____ 9

第2章　最高のパフォーマンスを発揮するための3要素 ------------ 10

1．メンタルトレーニングの3要素 _____ 10

 1）集中 _____ 10

 2）冷静 _____ 11

 3）自信 _____ 13

 4）まとめ _____ 14

2．心のトレーニングも技術 _____ 15

3．自己分析をしよう _____ 15

 1）心理的スキルを確認しよう _____ 15

  ワークシート　1　PPI _____ 20

II

目　次

ワークシート 2　POMS *28*

ワークシート 3　メンタルスキルの特定と評価 *32*

2）性格を理解しよう（YG 性格検査） *34*

問題・課題 *36*

第3章　メンタルトレーニングのエクササイズ ------------------- *37*

ステップ1　目標設定 --- *37*

1．夢に向かって目標を立てよう _____ *37*

1）自分の目標を確認（ターム目標） *38*

2）目標達成のための具体的な目標（カテゴリ目標） *38*

3）マンダラートを使った目標設定 *39*

ワークシート 4　目標設定シート1：ターム目標 *40*

ワークシート 5　目標設定シート2：カテゴリ目標 *42*

ワークシート 6　マンダラートを使った目標設定 *44*

ステップ2　リラクセーション ------------------------------- *47*

1．リラクセーション _____ *47*

1）呼吸法（丹田呼吸） *47*

2）瞑想法 *47*

ワークシート 7　STAGE 1　自分の呼吸を観察する―自分に気づく *48*

ワークシート 8　STAGE 2　今ここに「現在、この瞬間にいること」 *50*

ワークシート 9　STAGE 3　裸の音―あるがままの音― *52*

ワークシート 10　STAGE 4　丁寧に断る―キャッチ・アンド・リリース― ... *54*

ワークシート 11　STAGE 5　安らいでいて、しかも研ぎ澄まされている *56*

2．バイオフィードバック _____ *58*

バイオフィードバックとは *58*

1）GSR2（Galvanic Skin Resistance：皮膚電気抵抗） *58*

3．状態－特性不安検査（STAI） _____ *60*

1）STAI とは *60*

2）方法・結果 *60*

4．サイキングアップ _____ *61*

1）サイキングアップとは（Psyching up） *61*

2）方法・結果 *61*

問題・課題 *62*

III

ステップ3　集中力トレーニング ------------------------------ 63

1．集中力を高めよう _____ 63

集中とは 63

1）ヤントラ 63

2）グリッドエクササイズ 63

3）集中・注意 66

ワークシート 12　ヤントラ 67

ワークシート 13　センタリング 68

ワークシート 14　グリッドエクササイズ 69

問題・課題 70

ステップ4　イメージトレーニング -------------------------- 71

1．よいイメージをもとう _____ 71

1）最高のパフォーマンスをフィードバック（クラスター分析） 71

ワークシート 15　クラスター分析シート 72

2）映像でイメージを鮮明に描こう（ビジュアルイメージ） 74

3）音声でその場の雰囲気を（リスニングイメージ） 75

4）イメージトレーニングの活用範囲と方法 75

問題・課題 77

ステップ5　セルフトーク ---------------------------------- 78

1．日常からポジティブになろう _____ 78

1）「ABC 理論」（＝「ABCDE 理論」とは） 79

論理療法（「ABCDE トレーニング」）のスポーツへの応用 81

ワークシート 16　ABCDE 理論トレーニング 82

2）ポジティブセルフトーク 84

3）非論理的思考反論の手引書 84

ワークシート 17　Bの考え方に対する反論 86

ワークシート 18　STAGE 1　『気づく』 88

ワークシート 19　STAGE 2　『変える』 90

ワークシート 20　STAGE 3　『使う』 92

ワークシート 21　STAGE 4　『減らす』 94

ワークシート 22　STAGE 5　『なくす』 96

問題・課題 98

第4章　コーチと選手のメンタルトレーニング ------------------- 99

〜成功するための必要条件〜 _____ 99

1）大切な5つのC 99

2）コーチングを高めるためには（Coach Ability）............... 100

　コーチの指導スタイルの評価 101

3）コーチと選手のコミュニケーション（Communication）..... 104

4）チームとしてのまとまり（Cohesion）.......................... 111

　チームへの敬意 113

5）統率力（リードする力）を高める（Capacity to Lead）..... 113

6）競技力を高める（Competitiveness）.............................. 116

　ワークシート23　自分をタフにするためのメンタルトレーニング ... 122

2．試合に向けての準備をする _____ 124

1）心・技・体の総合的な準備 124

　ワークシート24　試合までのカウントダウン 124

　ワークシート25　心の澄まし 125

2）心の澄まし 127

　問題・課題 128

終章　新たなステップ -- 129

1．5ステップからさらなる強い自分を目指して

　〜一つひとつしっかりステップアップしていこう！〜 _____ 129

2．個人的な心理的スキルトレーニング（Psychological Skill Training）_____ 130

　問題・課題 130

3．ラウンド1からラウンド2へステップアップ _____ 131

　ライフサイクル 132

4．自己理解　〜新たなステップ〜 _____ 134

　ワークシート26　自己評価 134

5．新たな旅立ち _____ 136

　ワークシート27　人生の目標設定 136

コラム目次

コラム1　耐えて、乗り越えて、立ち直る 6

コラム2　生理的限界と心理的限界 11

コラム3　再焦点化 15

コラム4　10コインゲーム 46

コラム5　SMARTの法則 46

コラム6　センタリング 65

コラム7　プレパフォーマンスルーティン 70

コラム8　言葉の力 75

コラム9　心の準備 127

コラム10　アスリートセンタード・コーチング（Athlete Centered Coaching） 128

付　録　*141*

引用・参考文献　*147*

索　引　*151*

あとがき　*154*

メンタルトレーニングの基礎
［第2版］
～今ここに全力を尽くす～

Foundation of mental training
second edition

序章　はじめに〜メンタルトレーニングを始める前に〜

１．メンタルの力を支えるもの

　メンタルの力を理解するためには、思考と行動と感情がいかに繋がっているかを知らなくてはならない。メンタルの力を高めれば、穏やかな感情と合理的思考に根ざした行動をとることができる。選手は技術を向上させ成長する中で、自分やチームメイトと共に、核となる信念を育む。この核となる信念は、自分がまたチームの選手ができごとをどう解釈し、状況にどう反応するかに影響を及ぼす。このメンタルの力を構成する３つの要素は思考、感情、行動である。

１）思考

　根拠のない思い込みを特定し、より現実的な思考に置き換える。また、思考の習慣を別の視点で見る。「グラスに水が半分しかない」とみるのか、「半分もある」と考えるのか、同じ状況をどう考えるかである。

２）行動

　どんな状況でも前向きな行動をとる。自分の価値観に従って行動できる。持てる力を最高に発揮するには、楽観主義だけでは足りない。行動を起こすことにより姿勢を変えられる。

３）感情

　感情に支配されないよう、自分が感情の手綱を握る。自分の感情への意識を研ぎ澄まし、感情が思考と行動にどんな影響を及ぼすかを読み取り理解することである。

　メンタルの力が高まれば、自分の持てる力を十分に発揮できるように決断できる。

２．メンタルの土台つくり

１）メンタルヘルス（Mental Health）

　メンタルヘルスとは心の健康である。精神面における健康のことでもある。精神的健康、心の健康などと述べられ、主に精神的な疲労、ストレス、悩みなどの軽減や緩和とそれへのサポート、メンタルヘルス対策、あるいは精神的保健医療のように精神障害の予防と回復を目的とした場面に使われる。精神面的健康が不調になると脳の機能が低下し集中力、判断力、意欲や好奇心が衰えてくる。

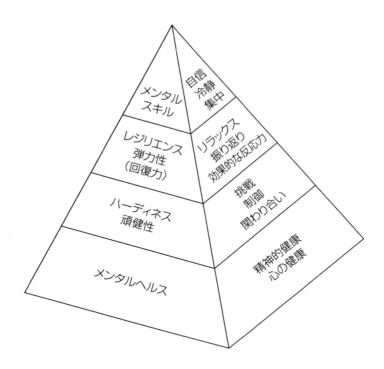

図序−1　メンタルスキルの土台を築くのはハーディネスとレジリエンス、そしてメンタルヘルス

2）ハーディネス (Hardiness)

　ハーディネスはレジリエンスとよく似た概念でありどちらもある意味「心の強さ」を表している。ハーディネスとは、ストレスに強い人（高ストレス下でも健康でいられる人）が持っている性格特性のことを言う。ハーディネスが高いと、ストレスをそもそもストレスと認知せず、他の人よりも感じにくいとされている。すなわち、ハーディネスは心の防衛力といえよう。

　　受容：コミットメント（Commitment）、
　　制御：コントロール（Control）、
　　挑戦：チャレンジ（Challenge）
の要素で構成されている。

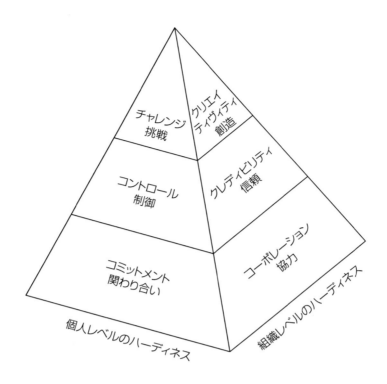

図序－2　個人・組織レベルのハーディネスを構成

3）レジリエンス（Resilience）

　レジリエンスとは、心の「回復力」であり「弾力性（しなやかさ）」を意味する。もともとの意味は、物体の弾性を表すことばであるが心の回復力（精神的な強さの指標の一つ）を説明するものとして使われていた。試合をしたとき「心が折れそう」「逆境に負けそう」といった経験をしたと思われる。どんなにうまくいっている試合でも大なり小なり感じている。レジリエントな選手は、困難な問題、危険な状況、ストレスといった要素に遭遇してもすぐに立ち直ることができる。重要なことは、ストレスが降りかかってきたときにどの様に自分の心を管理していくかである。考え方や行動などによってさまざまなものを大きな括りとして対処し回復していく力がレジリエンスといえる。レジリエンスは心の回復力であり

　　忍耐（Patience）、

　　適応（Adapt）、

　　回復（Recovery）

の要素で構成されている。

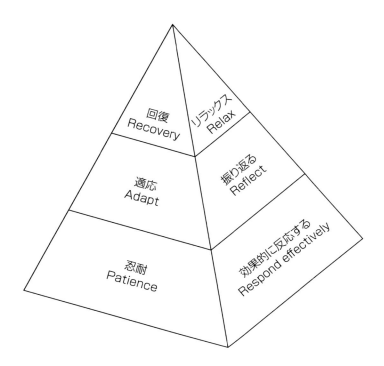

図序－3　心の回復力レジリエンスを構成

コラム１　耐えて、乗り越えて、立ち直る

レジリエンスとは、逆境や困難、強いストレスに直面したとき、それに適応する精神力のこと、「心の持久力」のことである。誰にも備わっているが意識して鍛えないと衰えていく。日頃から鍛えておく習慣が必要である。

【立ち直る４つの行動】
1．運動：エクササイズ、スポーツ
2．音楽：音楽鑑賞、楽器の演奏
3．呼吸：瞑想、散歩
4．筆記：日記、手紙、手帳

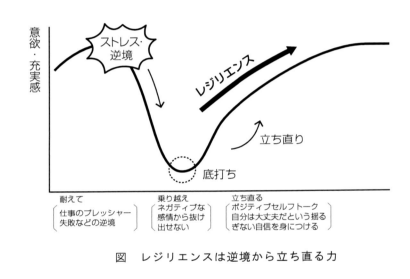

図　レジリエンスは逆境から立ち直る力

問題・課題
(1) 思考と行動と感情がいかにリンクしているか述べなさい。
(2) 「グラスに水が半分」の状態を、あなたは「半分もある」か「半分もない」かどちらと考えますか。それはどうしてですか。理由を述べなさい。
(3) 穏やかな感情と合理的思考に基づいた行動とはどんな行動か説明しなさい。
(4) メンタルヘルス（心の健康）の定義を述べ、簡単に説明しなさい。
(5) メンタルヘルスを高めるには、どんなことに注意すればよいか考えなさい。
(6) ハーディネスを構成している要素をあげ説明しなさい。
(7) レジリエンスを高める練習法を３つ以上述べなさい。

第1章　メンタルトレーニングとは

1．メンタルトレーニングの意義

　スポーツ競技場面において、心（メンタル）・技（テクニック）・体（フィジカル）・戦術（タクティクス）という言葉がよく用いられる。高いパフォーマンスを発揮するためには、技術・体力トレーニングと同様に心理的スキルトレーニング（Psychological Skill Training 以下、PST と略記）を行う必要がある。

　スポーツの成功について選手・コーチの認識をまとめた Williams（1993）は、「スポーツにおける成功の 40%〜90%は心理的要因が深く関わっている」と述べている。このことからもスポーツ選手が実力を最大限に発揮するにはマネジメントが必要であると言える。そこで近年、競技場面でピークパフォーマンスを発揮するためのメンタルトレーニング（Mental Training、以下 MT と略記）が注目されるようになってきた。

　メンタルトレーニングは、今や世界各国のオリンピック選手やプロスポーツ選手が盛んに取り入れているスポーツ心理学のテクニックである。メンタルトレーニングは日常的に使われるようになってきているが、その意味するところはそれぞれで、ケースによって異なっていることが多い。これはいまだこの用語が学術用語として位置付けられておらず、一般的な慣用語として使われているからである。しかし、ここ 10 数年の間に、この用語に関する定義は国際的に見ても定着してきた。

　国際メンタルトレーニング学会では、メンタルトレーニングをスポーツ（競技力向上など選手・チーム・コーチ・関係者の向上に関して）、教育（子供たちの教育や大学教員養成期間の指導者育成教育など）、パフォーミングアーツ（芸能や音楽関係など）、ビジネス（職場でのいろいろな面での向上など）、健康（楽しい生活をおくるためなど）と 5 つの分野に分類している。しかし、最近はスポーツをパフォーミングアーツの中に含めている。現在、日本人会員はスポーツの分野だけしかおらず、他の分野での専門家は皆無の状態なのである。

2．メンタルトレーニングの目的

　メンタルトレーニングとは、「スポーツ選手が技術や体力をトレーニングするように、試合場面で最高の能力を発揮できるように心理的にもトレーニングを行い、やる気などの精神力を高め、自分で自分をコントロールできるようにすること」と定義さ

れている。メンタルトレーニングは競技力向上のための心理的条件の強化を目的とした訓練である。この心理的条件を整えること自体はメンタルマネジメントとよばれ、具体的には競技において個人の潜在能力を最大限に発揮させるための自己コントロールを指し、そのコントロールに必要な心理的スキルの訓練がメンタルトレーニングということになる。競技場面において、同じような体力や技術があれば、勝敗を左右するのはメンタルな部分である。この場合メンタルトレーニングは、選手の持っている実力を最高度に発揮できるようにし、能力も向上させようとする目的がある。

３．メンタルトレーニング小史

１）メンタルトレーニングの歴史　世界

　旧ソ連で宇宙に向かう宇宙飛行士のプレッシャーや不安を解消するトレーニングとして行われたのがメンタルトレーニングの始まりのきっかけになっている。その後、開催された五輪では旧ソ連は、めざましい活躍をしており各国に影響を与えました。旧東ドイツなどでその成果が報告され 1976 年のモントリオールオリンピックを境にアメリカ・カナダ・スウェーデンなどをはじめとして世界各国へと広がった。

　その当時、メンタルトレーニングの研究をしていた人物たちを紹介する。

　アメリカ　リチャード・スイン博士　「視覚運動学習」この研究をきっかけにアメリカではたくさんの研究が行われる。この時に行われた研究でぜひ知ってほしい、できれば読んでもらいたい論文がいくつかあるのでこれも紹介する。

アメリカ	W. T. ガルウェイ	「インナーゲーム」
	トーマス・タッコ	「スポーツ・サイキング」
	ジム・レーヤー	「メンタル・タフネス・トレーニング」
	ロバート・ナイデファ	「アテンションコントロール・トレーニング」
	レイナー・マートン	「スポーツ・コーチング学」
スウェーデン	ラーズエリンク・ユネスタール	
		「インナー・メンタル・トレーニング」
カナダ	テリー・オーリック	「ザ・エクセレンス：ハイパフォーマンスを生み出す心の技術」

　これらの研究はロサンゼルスオリンピックの際に効果を世界に向けて検証して見せた研究である。研究の効果が世界に向けて検証され、この結果から世界でのメンタルトレーニングへの意識が変わっていったのである。

第1章 メンタルトレーニングとは

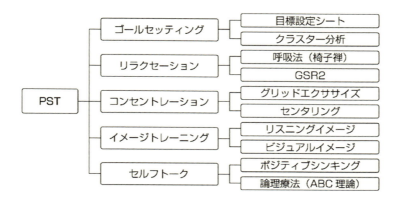

図1-1　心理的スキルトレーニング（PST）のパッケージ
［出典：石村宇佐一（2006）トランポリン選手における心理サポート10年、月刊トレーニング・ジャーナル2006年8月号（通巻322号）、ブックハウス・エイチディ、p54］

2）メンタルトレーニングの歴史　日本

　メンタルトレーニングが科学的手法をもって、日本に導入されたのは1984年のロサンゼルスオリンピックでの不振がきっかけである。ロサンゼルスオリンピックで日本の精神的な問題が浮上し、日本体育協会のスポーツ科学委員会で「スポーツ選手のメンタルマネジメントに関する研究プロジェクト」が立ち上げられた。

　最初の頃は、東京五輪に向けて「あがりに関する研究」というテーマで研究が始まった。この当時、日本特有の根性論が大きな壁になった。スポーツ競技者において心技体が重要なのは理解されているが、心（こころ）の問題でのトレーニングの難しさは、今現在も指導者や選手に指摘されているのが現状である。

4．メンタルトレーニング

　本書は、心理的スキルトレーニングを5つのステップに分けている。
　ステップ1：目標設定、ステップ2：リラクセーション、ステップ3：集中力トレーニング、ステップ4：イメージトレーニング、ステップ5：セルフトークの5つである。
　目標設定ではターム目標、カテゴリー目標、リラクセーションでは呼吸法、瞑想法、集中力トレーニングではヤントラ、グリットエクササイズ、イメージトレーニングではクラスター分析、ビジュアル・リスニングイメージ、セルフトークではABC理論、ポジティブセルフトークの段階を踏みメンタルトレーニングを行っていく。

問題・課題
(1) メンタルトレーニングの意義、目的を説明しなさい。

第2章　最高のパフォーマンスを発揮するための3要素

1．メンタルトレーニングの3要素

1）集中

　最高のプレイをするための3大要素の第1の要素は『集中』である。優秀選手が絶好調のプレイをしている時に抱く感情の特徴がある。これらは、3つの高いレベルの集中力に関連している。

（1）精神的なリラックス

　優秀選手は精神的にリラックスしている。彼らには「心の落ち着き」と「時間がゆっくり進む感覚」がある。一方、実力を発揮できない選手は、精神的に非常に緊張しており、集中力が低下し、物事が「あまりにも速く起こる」感覚や「コントロールできない」感覚に苦しむ。

（2）現在に集中している

　最高のプレイ時の感覚は、「現在に集中している」という感覚である。優秀選手は「身体的なものと精神的なものの調和」の感情、つまり心と身体の調和の感情がある。彼らは過去や未来について何の余計な考えも感情も抱かず、現在に夢中になっている。

（3）並はずれた気づき

　優秀選手は並はずれた気づきの状態にある。「自分の身体や周りの選手への鋭敏な気づき」があり、予測や反応の力が高まっていることに気づく。彼らはどんな動きも自動的で自然なものとなる。「現在に集中している感じ」、「時間がゆっくり進む感覚」、「並はずれた気づき」、そして「自分の身体や周りの選手への鋭敏な気づき」。以上の共通点は何だろうか。実は、それらはすべて感覚の気づきに関係しているのである。絶好調時のプレイヤーの集中力は、純粋な感覚の気づき、特に視覚の気づきと深く関わっている。

（4）結び

　ベストの状態でプレイするために、集中力のコントロールを学ばなければならない。状況や、やるべきプレイに基づいて、視覚の範囲を適切に広げたり、狭くしたりする

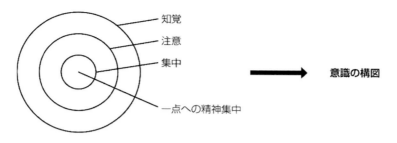

図2－1　意識の構図

（W.T ガルウェイによる）
［出典：後藤訳（1983）『インナーゲーム』日刊スポーツ出版社］

習慣を身につけなくてはならない。つまり、どのポイントで集中力を最大までもっていき、どのポイントだったら集中力を一点ではなく複数点にもっていかなければならないのか知る必要がある。

2）冷静

　集中と密接な関係である最高のプレイをするための第2の要素は、『冷静さ』である。武道を学ぶ者は心を'静かな水のごとく'落ち着かせることを学ぶ。穏やかな日には、水面はなめらかで、自然の鏡を造りだす。しかし、石が投げこまれ、水が波立つとき、水に映った像は壊され、ゆがめられる。武道の達人は、小石や風が池の水面にもたらすものと、感情（恐れ、怒り、不安、フラストレーション、抑うつ）が心にもたらすものは同じだと考える。つまり、感情は知覚をゆがめ、適切に反応することをほとんど不可能にする。

コラム2　生理的限界と心理的限界

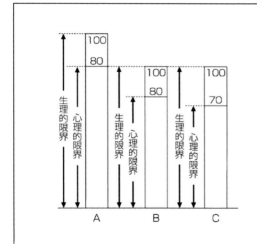

AとB：心理的限界の水準は同じ（80％）であるが、生理的限界はAの方が大きい。実際に発揮される体力はAの方が大きい。

BとC：生理的限界は同じ（80％）であるが、心理的限界はBの方が大きい。実際に発揮される体力はBの方が大きい。

（猪飼より）

実力を出しきれない選手のネガティブな感情には、闘争─逃避、恐れ、不安、怒り、フラストレーション、抑うつがある。

（1）闘争─逃避
　脅威である、またはストレスの多い状況に直面するときに経験する身体の変化は、闘争─逃避症候群として知られている。闘争・逃避症候群は、生まれつきの生理的反応メカニズムであり、危険に直面して身体が文字通り戦うか逃げるかの切迫した体勢をとらせる。闘争・逃避の仕組みは簡単である。筋肉に働くように準備態勢をとらせる。筋肉が緊張し、脈拍と呼吸は速くなり、血液が皮膚や四肢から大筋群へと流れ、消化器系の働きが止まる。その結果、体がブルブルふるえ、心臓がドキドキし、呼吸が速くなり、顔面蒼白になり、吐き気をもよおす。これらの身体的反応は異常なもので、精神に混乱をきたす。生理的な変化に気をとられ、自分のなすべきことがそっちのけになり、視野が狭くなるのだ。ほとんどの場合に、興奮しすぎの選手は視野が狭められ、苦しむことになる。実情として、闘争─逃避反応を引き起こす不安は状況の知覚をゆがめ、プレイを妨害することの方が多い。これは「小石が池の水面にもたらすことを、恐れが心にもたらす」と武道の達人が言ったことを再び思い出させる。つまりそれは、知覚をゆがめ、判断を狂わせてしまうものである。さらに感情の高ぶりは、筋緊張を高めることによって運動選手の身体に影響を及ぼし、それがまた協応性、タイミング、冷静さを失わせる。

（2）恐れ、不安、怒り、フラストレーション
　闘争─逃避症候群のいちばんの引き金となり、運動選手がその力を最大限に発揮することを妨げる感情がこの４つである。恐れと怒りは、これらの感情の対象が明確で、現にそこにあるものなので、最も破壊的な感情と言える。一方、不安は、将来に恐れること（一般に、敗北やプレイの出来の悪さ）がある時に生まれる感情で、いま現在直面しているわけではないので、軽い逃亡衝動となる。不安と恐れのいずれの場合でも、プレイヤーは闘争─逃避症候群の微候にある程度陥る。

（3）抑うつ
　無気力、無関心、無力の感情に根のある抑うつによって起こる興奮不足によっても妨げられる。これらの精神状態を直さない限り、不十分なプレイが当たり前になってしまう。不十分なプレイは無気力と抑うつへと通じ、無気力と抑うつは気のないプレイを生み、そして気のないプレイはさらにプレイを悪くする。実力を十分に発揮できる選手には、高いエネルギーを感じる。優秀な選手のインテンシティは、恐れ、怒り、不安というネガティブな感情に根ざしているのではなく、高いエネルギーに関わるポ

ジティブな感情に根ざしている。

（4）結び

　うまくいったプレイからうれしさや満足を引き出し、ミスをしても過度に動揺しないようにしなければならない。目標は、スポーツの感情的なものを無視することによって、競技から感情を取り除くことではない。成功の喜びを求め、恐れ、不安、フラストレーション、怒り、抑うつを克服することを学ばなければならない。

３）自信

> このゲームは本当に自信だけなんだ。でも、時々それが怖かったりするんだよね。
> 最高の調子の時、自分のしたいことが何でもできて、誰も止められないんだ。全部をコントロールできているように感じるんだ。
>
> 　　　　　　　　　　　　　　　　　　　　　　　—ラリー・バード（Larry Bird）

　最高のプレイをするための３大要素の第３の要素は『自信』である。実力を出しきれる優秀選手は「自信があり、楽観的で、一般に物事の見方がポジティブである」という。彼らはコントロールしようと意識的に努力しなくても、「コントロールできている」と感じる。

（1）ネガティブな思考

　自信を持つことによって、どのように最高のプレイへと近づけるのか。自信不足は２つの点でプレイに影響を及ぼす。第１に、否定的な思考は自己成就的予言となりうる。自分の力を信じない選手は、ほとんど努力をしない。なぜなら彼らは、努力不足を自分が成功できない言い訳として用いることができるように、頑張らないのである。ある意味で、失敗するかもしれないことへの恐れや不安が、選手に全力を傾けさせないのである。第２に、思考が身体を支配してしまうという事実である。自分のドリブル能力についてのネガティブな思考は、単なる願望とは異なる。

（2）ポジティブな思考

　ポジティブな思考は、プレイを効率よくするために、現実性や可能性の要素だけを持たなければならない。一見ポジティブ思考のように思われても、真実であると心から信じているわけではない思考は、実際は単なる願望的思考にすぎない。心は、本当に現実であると信じることに対してのみ受け入れ、行為するのである。シュートのスキルに本当の自信がない限り、シュートに対する不安を減少させてはくれない。この

本当の意味での自信が持てないということが、冷静さを脅かし、不安を引き起こす。そして失敗への不安は集中力をなくし、過度の緊張感を引き起こすのである。

（3）ゲームでの自信

　常に最高のプレイができるようにするために、「自分には自信があるという自信」を持たなければならない。つまり、自分は競技中に3要素をコントロールできる心理的なスキルを持っている、という自信を持たなければならない。ゲーム中に、リラックスして身体と心の緊張を和らげていなければ、どんな願望的思考を抱いても（たとえそれが肯定的なものでも）、大切なゲームで全くうまくできないし、自信も持てない。練習でシュートがうまくいってもそれで十分ではない。運動選手なら誰もが、練習中のスキルとプレッシャーがかかったゲーム中のスキルとは、まったく異なるものであることを知っている。

「自信は自分には自信があるのだという自信を持つことから生まれ、準備万端から始まる。」

（4）自信を高めること

　どんなスキルにおいても、自信は主に、①学習、②練習、③それ以前の成功経験に根ざすものである。また、ジョン・ウーデン（John Wooden）は、「自信は準備万端であることから生まれる」と語っている。試合で大きな自信を持ちたいと思うならば、身体的・精神的・情緒的に完璧に準備を整えておかなければならない。シュート、ボールハンドリング、ディフェンス、リバウンドの適切なテクニックと集中力を身につけておかなければならない。同様に大切なことは、その次に感情と緊張をコントロールするのに役立つ、リラクセーションの方法と適切な心構えを身につけることである。最後に、筋力と持久力のトレーニングによって、身体のコンディションを最高にしておかなければならない。完璧な準備に向けて努力すれば、最高のプレイをする用意ができたということがわかるだろう。

4）まとめ

　自分の潜在能力を十分に発揮するためには、3つの不可欠な要素、つまり集中、冷静さ、自信が必要だ。最高のプレイをするためには、集中し、感情をコントロールし、自分の能力を信じなければならない。さらに、自分の能力を信じるということは、自分のバスケットボール・スキルを信じる以上のことを意味する。自分の心理的なスキル、つまりストレスの多いゲーム中に、集中し、感情をコントロールしていく力を信じなければならない。これら3つの要素すべてが複雑に関わりあっているので、それ

らの１つか２つを持っているだけでは十分でない。そのひとつが持てるようになれば、他も身につけることができる。そのひとつが欠ければ、他も維持していられなくなる。本書ではこれから、最高のプレイに必要なこれらの特性それぞれを向上させる方法を、さらに詳しく述べていくことにしよう。

２．心のトレーニングも技術

A、一歩一歩着実に！！
B、練習、練習また練習→練習が不可能を可能にする。
C、そして―"それ"を求める。

コラム３　再焦点化

― 再焦点化 ―
不測の事態への対処
IF　～　THEN　・・・　もし～そのとき・・・

IF it happens, THEN I do this.
（もしそれが起きたら、そのとき私はこれをする。）

IF it doesn't work, THEN I do that.
（もしそれがうまくいかなかったら、そのとき私はあれをする。）

３．自己分析をしよう

１）心理的スキルを確認しよう

(1) PPI　（The Psychological Performance Inventory：以下、PPI と略記）

　PPI は、ジム・レーヤーによって作成された質問紙で、スポーツをするにあたって必要な心理的要素を調査・分析し、考案されたもので、スポーツ選手の精神的な強さを知るものである。

　精神的な強さは、スポーツ選手にとって重要な資質といえる。練習中や試合中において、体力的・技術的なもの以上に精神的なものが大きく影響を及ぼすからである。

　下位尺度には７の因子を用いており、質問項目は 42 項目、回答欄は５段階表記（A…非常によく、B…よく、C…時々、D…まれに、E…ほとんどない）となっている。

（PPI の各尺度およびその特徴）

・第1尺度：自信

　選手としての自分を信頼し、自らの能力を信じて力の限界まで目的を遂行しようという気持ち。

・第2尺度：不安耐性

　試合結果や内容、あるいは他の要因を認知した際に起こる不安や、その不安から生じる神経の高揚、身体の緊張に打ち勝つ力。

・第3尺度：集中力

　競技場面、試合中でのプレッシャーや雑念を払いのけ、プレイに集中し、持続する力。

・第4尺度：イメージ力

　技術や動きをイメージすることによって練習することができる力。

・第5尺度：意欲

　目標に向かっていくための気持ちや、試合・練習に対する積極的な態度や気持ち。

・第6尺度：積極性

　前向きな姿勢でプレイに取り組むことができる力。

・第7尺度：心構え

　いつでも最大限の力が発揮できる心構えができている状態。

（採点方法）

①PPI 自己診断表に質問項目の番号が書いてあるので、それぞれの質問の点数を書き込む。点数はA…5点、B…4点、C…3点、D…2点、E…1点になる。ただし、番号に□のマークがついている場合は逆になり、A…1点、B…2点、C…3点、D…4点、E…5点となる。

②すべて書き込んだら、下位尺度ごとに縦に数字を合計する。

③それらの手順で得られた得点表をもとに、PPI プロフィールに折れ線グラフを描く。

第2章　最高のパフォーマンスを発揮するための3要素

＜例＞　トップアスリート　　古　章子選手

古　章子（ふる・あきこ）　　生年月日：昭和48年7月18日

【競技歴】

昭和51年（3歳）トランポリンを始める	昭和59年（小学5年）世界年齢別10歳以下の部優勝
昭和57年（小学3年）全日本ジュニア大会初優勝	昭和63年（中学3年）初の世界選手権出場（アメリカ合衆国）
平成2年（高校2年）初の全日本選手権優勝　※　その後9連覇	同　ワールドカップ第3戦15位（デンマーク）
平成4年（大学1年）世界選手権11位（ニュージーランド）	平成11年　世界選手権24位、国別順位12位（南アフリカ共和国）
平成5年（大学2年）ワールドゲームス13位（オランダ）	同　オリンピック出場権獲得
平成7年（大学4年）環太平洋インド洋選手権5冠優勝（北海道）	同　ワールドカップ第3戦9位（チェコ）
平成8年（大学院1年）世界年齢別大会18歳以上の部優勝（カナダ）	平成12年　シドニーオリンピック6位入賞
平成9年（大学院2年）ワールドゲームス17位（フィンランド）	同　ワールドカップ第5戦3位（イギリス）（シンクロナイズド競技）
平成10年　世界選手権26位（オーストラリア）	その他　インターハイ3連覇、インカレ4連覇

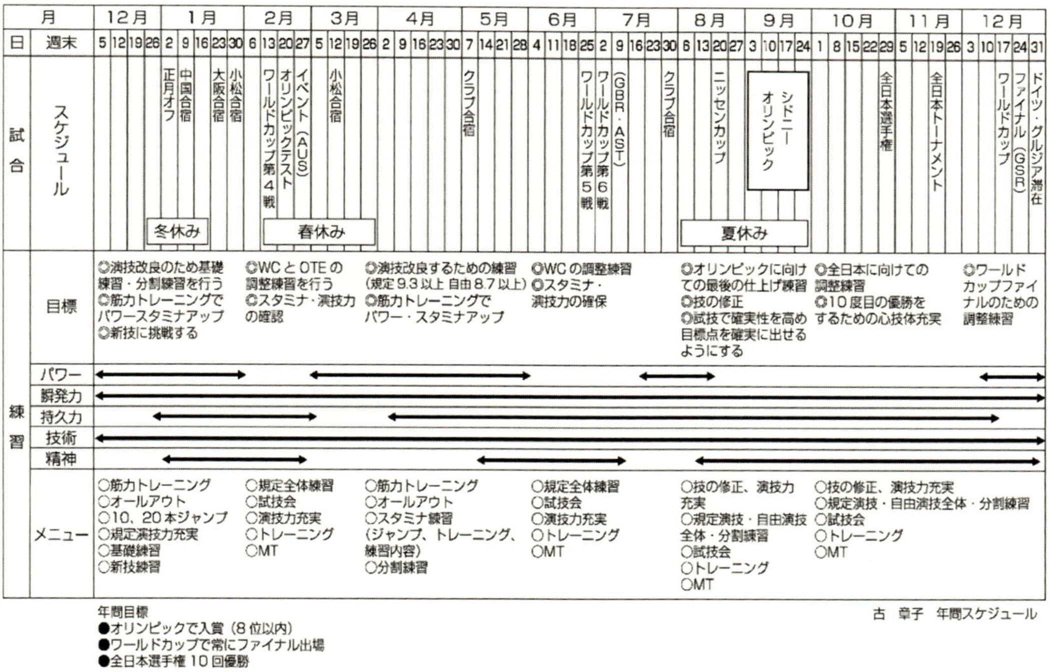

月：12月　1月　2月　3月　4月　5月　6月　7月　8月　9月　10月　11月　12月

試合スケジュール（週末）：正月オフ、中国合宿、大阪合宿、小松合宿、ワールドカップ第4戦、オリンピックテスト、イベント（AUS）、小松合宿、クラブ合宿、ワールドカップ第5戦、（GBR/AST）、ワールドカップ第6戦、クラブ合宿、ニッセンカップ、シドニーオリンピック、全日本選手権、全日本トーナメント、ワールドカップ、ワールドカップファイナル（GBR）、ドイツ・グルジア滞在

冬休み　春休み　夏休み

目標
- 演技改良のため基礎練習・分割練習を行う／筋力トレーニングでパワースタミナアップ／新技に挑戦する
- WCとOTEの調整練習を行う／筋力トレーニングでパワー・スタミナアップ／スタミナ・演技力の確認
- 演技改良するための練習（規定9.3以上 自由8.7以上）／スタミナ・演技力の確保
- WCの調整練習
- オリンピックに向けての最後の仕上げ練習／技の修正／試技で確実性を高め目標点を確実に出せるようにする
- 全日本に向けての調整練習／10度目の優勝をするための心技体充実
- ワールドカップファイナルのための調整練習

練習：パワー／瞬発力／持久力／技術／精神

メニュー
- ○筋力トレーニング　○オールアウト　○10、20本ジャンプ　○規定演技力充実　○基礎練習　○新技練習
- ○規定全体練習　○試技会　○演技力充実　○トレーニング　○MT
- ○筋力トレーニング　○オールアウト　○スタミナ練習（ジャンプ、トレーニング、練習内容）　○分割練習
- ○規定全体練習　○試技会　○演技力充実　○トレーニング　○MT
- ○技の修正、演技力充実　○規定演技・自由演技全体・分割練習　○試技会　○トレーニング　○MT
- ○技の修正、演技力充実　○規定演技・自由演技全体・分割練習　○試技会　○トレーニング　○MT

年間目標
●オリンピックで入賞（8位以内）
●ワールドカップで常にファイナル出場
●全日本選手権10回優勝

古　章子　年間スケジュール

図2－2　2000年マスタープランと目標設定（古章子選手の年間スケジュール）
［出典：石村宇佐一（2006）トランポリン選手における心理サポート10年、月刊トレーニング・ジャーナル2006年8月号（通巻322号）、ブックハウス・エイチディ、p57］

＜例＞　トップアスリート　　古　章子選手

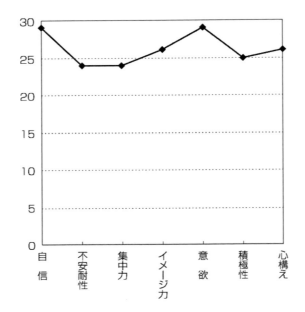

シドニーオリンピック（2000年）で
6位入賞を果たした古　章子選手。

このPPIの結果は古選手が大学時代に行ったものである。結果を示しているようにどの数値も優れている。しかし、不安耐性が低い。

この結果から「誰もが不安になる。気にするな。チャンピオンのごとく行動しなさい」と指導した。

その指導のもと、全日本選手権9連覇、オリンピック6位入賞という素晴らしい功績を残した。

図2－3　古　章子選手が大学時代に行ったPPIの結果

第2章　最高のパフォーマンスを発揮するための3要素

＜例＞　トップアスリート　　松井　秀喜選手

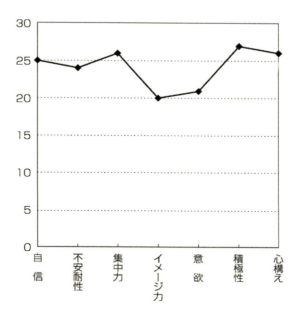

松井秀喜君　星稜高校3年生（左から2人目）

このPPIの結果は松井選手が高校時代に行ったものである。
結果を見ると分かるように自信、不安耐性、集中力、積極性、心構えの値が高い。

しかし意欲、イメージ力が低い。これは甲子園、山形国体が終了したためである。
一方、イメージ力はプロになるために必要不可欠であると指導した。

図2－4　松井　秀喜選手が高校時代に行ったPPIの結果

ワークシート1　PPI（記入例）

The Psychological Performance Inventory

氏名 _____　所属名 _____　性別　男・女

年齢 ____ 歳　学年 ____ 年　　実施日　平成 ___ 年 ___ 月 ___ 日

1つ1つの質問について、5つの項目（A：非常によく、B：よく、C：ときどき、D：まれに、E：ほとんどない）から、自分に最も適したものを選び、1つに○をつけて下さい。

	非常によく	よく	ときどき	まれに	ほとんどない
1. 私はプレーヤーとしての自分を勝者よりどちらかというと敗者として捉えがちである。	A	B	C	D	Ⓔ
2. 試合中、緊張しすぎて身体が思うように動かないことがある。	A	B	Ⓒ	D	E
3. 試合中、重要な場面であっても、常にプレーに集中している。	Ⓐ	B	C	D	E
4. 最高のプレーをしている自分を思い描くことがある。	A	Ⓑ	C	D	E
5. プレーヤーとして、常に自分の最大限の力を発揮しようとしている。	Ⓐ	B	C	D	E
6. 朝起きると、試合やプレーにわくわくする。	A	Ⓑ	C	D	E
7. どのような試合でも積極的に精一杯プレーしようと努める。	Ⓐ	B	C	D	E
8. プレーヤーとしての自分にとても自信を持っている。	A	B	Ⓒ	D	E
9. 試合中は、常に、冷静に、かつリラックスしている。	A	B	Ⓒ	D	E
10. 自分がプレーしている時、他人が自分のプレーについてどう思っているか非常に気になる。	A	B	C	D	Ⓔ
11. 頭の中でプレーを正しく再生することができる。	A	B	Ⓒ	D	E
12. なぜ辛い練習をしなければならないのか、という葛藤を味わうことがある。	A	B	C	D	Ⓔ
13. 試合や練習中、常にエネルギッシュでいられる。	Ⓐ	B	C	D	E
14. どのような状況においても、ベストを尽くせる。	A	Ⓑ	C	D	E
15. プレーヤーとしての自分に誇りを持っている。	A	Ⓑ	C	D	E
16. 試合中にカッとなりやすい。	A	B	C	Ⓓ	E
17. プレー中、過去の失敗や逃したチャンスを思い出すことがある。	A	B	C	D	Ⓔ
18. プレーをする前に自分で作戦を立てて、実際に頭の中などで練習することがある。	A	B	Ⓒ	D	E
19. 自分が上達するためや、厳しい練習にはやる気が起こってこないことがある。	A	B	C	D	Ⓔ
20. 試合中、情勢が不利になると簡単にギブアップしてしまう。	A	B	C	D	Ⓔ
21. 私は、全ての責任が自分にあって誰も非難したくないと思う。	Ⓐ	B	C	D	E
22. プレーヤーとしての自分を信頼している。	A	Ⓑ	C	D	E
23. 試合中、ピンチになるとかえって興奮する。	Ⓐ	B	C	D	E
24. ピンチになると、状況判断ができなくなることがある。	A	B	C	D	Ⓔ
25. 私は、プレーを頭の中で繰り返し練習することがよくある。	Ⓐ	B	C	D	E
26. プレーヤーとしての潜在能力を充分に引き出すためなら、どんな努力でもする。	A	B	C	D	Ⓔ
27. プレーをすることは、本当に楽しく満足感がある。	Ⓐ	B	C	D	E
28. 失敗を大目に見ることができない。	A	B	C	D	Ⓔ
29. 自分を勝者として想像することは、難しいことである。	A	B	C	D	Ⓔ
30. 試合などで情勢が悪くなればなるほど、うまくプレーすることができる。	Ⓐ	B	C	D	E
31. 試合中に勝敗のことが気になる。	A	B	C	Ⓓ	E
32. 試合前にピンチの状態を思い浮かべ、乗り切る方法を考える。	Ⓐ	B	C	D	E
33. 一生懸命練習するのに、人に言われなくても自分でやる気をもって努力している。	A	Ⓑ	C	D	E
34. 自分のしている競技が本当に楽しい。	Ⓐ	B	C	D	E
35. 100%努力をしないと、絶対に満足できない。	A	B	Ⓒ	D	E
36. 自分の持っている才能や技術レベルを発揮したプレーができる。	A	B	Ⓒ	D	E
37. 試合中、ピンチになると、ひどく不安に襲われることがある。	A	B	C	D	Ⓔ
38. 試合中、頭が混乱し、集中できないことがある。	A	B	C	D	Ⓔ
39. ミスを犯しても、冷静に分析し、対処することができる。	A	Ⓑ	C	D	E
40. プレーヤーとして、自分の立てた目標に向かって、どんな厳しい練習にも耐えていくことができる。	Ⓐ	B	C	D	E
41. ピンチになると、強気でぶつかっていくというより、むしろ恐ろしくて弱腰になりがちである。	A	B	C	D	Ⓔ
42. 私は、いつでも、自分の最大限の力を発揮しようとしている。	Ⓐ	B	C	D	E

第2章　最高のパフォーマンスを発揮するための3要素

ワークシート1　PPI

The Psychological Performance Inventory

氏名＿＿＿＿＿＿＿＿＿＿＿＿　所属名＿＿＿＿＿＿＿＿＿　性別　男・女

年齢＿＿＿歳　学年＿＿年　　　　　　　　　実施日　平成　　年　　月　　日

1つ1つの質問について、5つの項目（A：非常によく、B：よく、C：ときどき、D：まれに、E：ほとんどない）から、
自分に最も適したものを選び、1つに〇をつけて下さい。

	非常によく	よく	ときどき	まれに	ほとんどない
1. 私はプレーヤーとしての自分を勝者よりどちらかというと敗者として捉えがちである。	A	B	C	D	E
2. 試合中、緊張しすぎて身体が思うように動かないことがある。	A	B	C	D	E
3. 試合中、重要な場面であっても、常にプレーに集中している。	A	B	C	D	E
4. 最高のプレーをしている自分を思い描くことがある。	A	B	C	D	E
5. プレーヤーとして、常に自分の最大限の力を発揮しようとしている。	A	B	C	D	E
6. 朝起きると、試合やプレーにわくわくする。	A	B	C	D	E
7. どのような試合でも積極的に精一杯プレーしようと努める。	A	B	C	D	E
8. プレーヤーとしての自分にとても自信を持っている。	A	B	C	D	E
9. 試合中は、常に、冷静に、かつリラックスしている。	A	B	C	D	E
10. 自分がプレーしている時、他人が自分のプレーについてどう思っているか非常に気になる。	A	B	C	D	E
11. 頭の中でプレーを正しく再生することができる。	A	B	C	D	E
12. なぜ辛い練習をしなければならないのか、という葛藤を味わうことがある。	A	B	C	D	E
13. 試合や練習中、常にエネルギッシュでいられる。	A	B	C	D	E
14. どのような状況においても、ベストを尽くせる。	A	B	C	D	E
15. プレーヤーとしての自分に誇りを持っている。	A	B	C	D	E
16. 試合中にカッとなりやすい。	A	B	C	D	E
17. プレー中、過去の失敗や逃したチャンスを思い出すことがある。	A	B	C	D	E
18. プレーをする前に自分で作戦を立てて、実際に頭の中などで練習することがある。	A	B	C	D	E
19. 自分が上達するためでも、厳しい練習にはやる気が起こってこないことがある。	A	B	C	D	E
20. 試合中、情勢が不利になると簡単にギブアップしてしまう。	A	B	C	D	E
21. 私は、全ての責任が自分にあって誰も非難したくないと思う。	A	B	C	D	E
22. プレーヤーとしての自分を信頼している。	A	B	C	D	E
23. 試合中、ピンチになるとかえって興奮する。	A	B	C	D	E
24. ピンチになると、状況判断ができなくなることがある。	A	B	C	D	E
25. 私は、プレーを頭の中で繰り返し練習することがよくある。	A	B	C	D	E
26. プレーヤーとしての潜在能力を充分に引き出すためなら、どんな努力でもする。	A	B	C	D	E
27. プレーをすることは、本当に楽しく満足感がある。	A	B	C	D	E
28. 失敗を大目に見ることができない。	A	B	C	D	E
29. 自分を勝者として想像することは、難しいことである。	A	B	C	D	E
30. 試合などで情勢が悪くなればなるほど、うまくプレーすることができる。	A	B	C	D	E
31. 試合中に勝敗のことが気になる。	A	B	C	D	E
32. 試合前にピンチの状態を思い浮かべ、乗り切る方法を考える。	A	B	C	D	E
33. 一生懸命練習するのにと、人に言われなくても自分でやる気をもって努力している。	A	B	C	D	E
34. 自分のしている競技が本当に楽しい。	A	B	C	D	E
35. 100%努力をしないと、絶対に満足できない。	A	B	C	D	E
36. 自分の持っている才能や技術レベルを発揮したプレーができる。	A	B	C	D	E
37. 試合中、ピンチになると、ひどく不安に襲われることがある。	A	B	C	D	E
38. 試合中、頭が混乱し、集中できないことがある。	A	B	C	D	E
39. ミスを犯しても、冷静に分析し、対処することができる。	A	B	C	D	E
40. プレーヤーとして、自分の立てた目標に向かって、どんな厳しい練習にも耐えていくことができる。	A	B	C	D	E
41. ピンチになると、強気でぶつかっていくというより、むしろ恐ろしくて弱腰になりがちである。	A	B	C	D	E
42. 私は、いつでも、自分の最大限の力を発揮しようとしている。	A	B	C	D	E

PPI 自己診断表（記入例）

氏名：　　　　　　　　　　実施日：令和　　年　　月　　日

P1		P2		P3		P4		P5		P6		P7	
☐1	5	☐2	3	3	5	4	4	5	5	6	4	7	5
8	3	9	3	☐10	5	11	3	☐12	5	13	5	14	4
15	4	☐16	4	☐17	5	18	3	☐19	5	☐20	5	21	5
22	4	23	5	☐24	5	25	5	26	4	27	5	☐28	5
☐29	5	30	5	☐31	4	32	5	33	4	34	5	35	3
36	3	☐37	5	☐38	5	39	4	40	5	☐41	5	42	5
計	24		25		29		24		28		28		27

※　A→5点　B→4点　C→3点　D→2点　E→1点（☐は逆。A→1点　B→2点　C→3点　D→4点　E→5点）

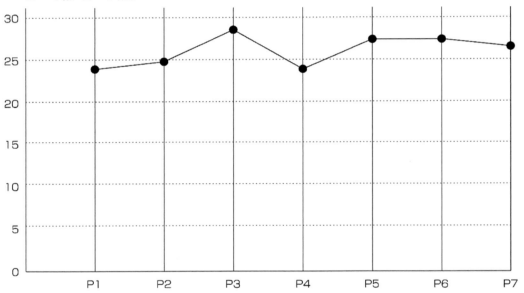

≪因子内容≫

P1：自信 ………… 自分を信頼し、自らの能力を信じる気持ち
P2：不安耐性 …… 試合中の恐怖感や緊張を取り除き、落ち着いてプレイができる力
P3：集中力 ……… 試合中、プレイに意識を集中し続ける力
P4：イメージ力 … 良いプレイをしている自分の姿を思い描くことができる力
P5：意欲 ………… 厳しい練習でも技術向上のために努力しようとする力
P6：積極性 ……… 前向きな姿勢でプレイに取り組むことができる力
P7：心構え ……… いつでも最大限の力が発揮できる心構えができている状態

PPI 自己診断表

氏名：　　　　　　　　　　実施日：令和　　年　　月　　日

P1	P2	P3	P4	P5	P6	P7
1	2	3	4	5	6	7
8	9	10	11	12	13	14
15	16	17	18	19	20	21
22	23	24	25	26	27	28
29	30	31	32	33	34	35
36	37	38	39	40	41	42
計						

※　A→5点　B→4点　C→3点　D→2点　E→1点（□は逆。A→1点　B→2点　C→3点　D→4点　E→5点）

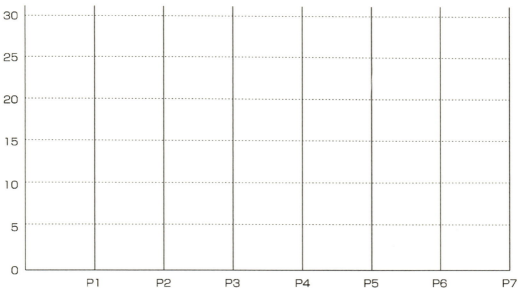

≪因子内容≫

P1：自信 ………… 自分を信頼し、自らの能力を信じる気持ち
P2：不安耐性 …… 試合中の恐怖感や緊張を取り除き、落ち着いてプレイができる力
P3：集中力 ……… 試合中、プレイに意識を集中し続ける力
P4：イメージ力 … 良いプレイをしている自分の姿を思い描くことができる力
P5：意欲 ………… 厳しい練習でも技術向上のために努力しようとする力
P6：積極性 ……… 前向きな姿勢でプレイに取り組むことができる力
P7：心構え ……… いつでも最大限の力が発揮できる心構えができている状態

(2) 心理的競技能力診断検査　DIPCA.3
　　（Diagnostic Inventory of Psychological Competitive Ability for Athletes：
　　以下、DIPCAと略記）

　DIPCAとはスポーツに必要な「心、技、体」のうち、客観的に判断の難しい「心」の部分を数値化したものだ。この検査はメンタルトレーニングの前後に実施し、スポーツ選手の心理的競技能力と心理的パフォーマンスを診断する方法である。その結果に基づき、試合中に優れた心理状態を作るためにどのようなメンタルトレーニングが必要なのかを確認することもできる。
　競技意欲、精神の安定、集中、自信、作戦能力、協調性の5つの能力を質問用紙で測れるようになっている。さらにこの5つの能力を12の尺度で分けている。

(DIPCA.3の各因子・尺度およびその特徴)
・第1因子：競技意欲（競技意欲を高める能力）
　1．忍耐力…粘り強い試合ができる。身体的な苦痛や苦労に耐えることができる
　2．闘争心…大きな試合や大事な試合での闘争心やファイトの気持ち
　3．自己実現意欲…可能性への挑戦、主体的、自主性
　4．勝利意欲…勝ちたい気持ち、勝利重視、負けず嫌い

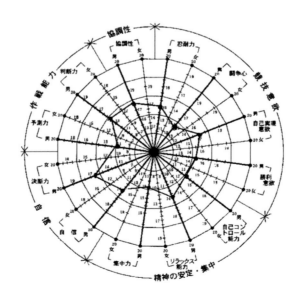

図2－5　心理的競技能力の尺度別プロフィール
　　[資料：DIPCA.3、トーヨーフィジカル（2000）]

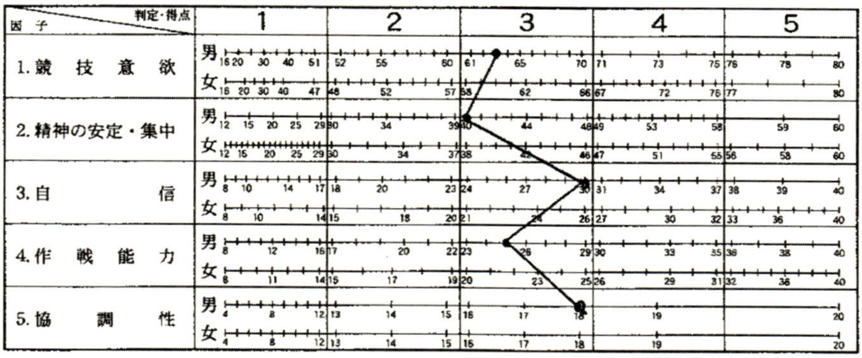

★各尺度は高得点ほど下記の傾向が強くなる。

1. 忍耐力…がまん強さ、ねばり強さ、苦痛に耐える。
2. 闘争心…大試合や大事な試合での闘志やファイト、燃える。
3. 自己実現意欲…可能性への挑戦、主体性、自主性。
4. 勝利意欲…勝ちたい気持ち、勝利重視、負けず嫌い。
5. 自己コントロール能力…自己管理、いつものプレイ、身体的緊張のないこと、気持ちの切り替え。

6. リラックス能力…不安・プレッシャー・緊張のない精神的なリラックス。
7. 集中力…落ちつき、冷静さ、注意の集中。
8. 自信…能力・実力発揮・目標達成への自信。
9. 決断力…思いきり、すばやい決断、失敗を恐れない決断。
10. 予測力…作戦の的中、作戦の切りかえ、勝つための作戦。
11. 判断力…的確な判断、冷静な判断、すばやい判断。
12. 協調性…チームワーク、団結心、協力、励まし。
13. Lie Scale…検査結果の信頼性。

図2−6　心理的競技能力の因子別プロフィール
［資料：DIPCA.3、トーヨーフィジカル（2000）］

・第2因子：精神の安定・集中（精神を安定・集中させる能力）

　5．自己コントロール…自己管理、いつものプレイ、具体的緊張のないこと、気持ちの切り替え

　6．リラックス…不安・プレッシャー、緊張のない精神的なリラックス

　7．集中力…落ち着き、冷静さ、注意の集中

・第3因子：自信（自信を高める能力）

　8．自信…能力・実力の発揮、目標達成への自信

　9．決断力…思い切り、すばやい決断、失敗を恐れない決断

・第4因子：作戦能力（作戦を高める能力）

　10．予測力…作戦の的中、作戦の切り替え、勝つための作戦

　11．判断力…的確な判断、冷静な判断、すばやい判断

・第5因子：協調性（協調性の能力）

　12．協調性…チームワーク、団結信、協力、励まし

　Lie Scale ：うそ尺度

（採点方法）

①各尺度ごとに小計を出し、各因子ごとに小計を合計する。

②総合得点を出す。

③得点結果をプロフィールに書き込む。

(3) POMS （Profile of Mood States：以下、POMS と略記）

　POMS は、ノーリスとグリーンにより始まり、アメリカの精神科医マックネイアーによって完成された質問紙検査である。これは、現在、被験者が感ずる気分（Mood）の状態を自己評価させて、情緒面の傾向を測ろうとするものである。なお、気分とは情動と違い、長時間持続的に生ずる比較的弱い感情状態であるとされている。しかし、POMS で用いられている尺度はそれよりも幅広く、怒りや情緒混乱などを含む情動（Emotion）や行動的特徴も取り入れている。

　下位尺度には 6 の因子を用いており、質問項目は 65 項目（うち採点対象項目は 58）、解答欄は状態の程度を評価する 5 段階（ 0 …全くそんなことない、 1 …全くないとは言えない、 2 …なんとも言えない、 3 …その傾向が強い、 4 …全くその通りだ）からなっている。

（POMS の各尺度およびその特徴）

・緊張 （Tension）

　精神的緊張や不安傾向、心の動揺、落ち着きのなさに関する尺度である。得点が高いと注意の幅は狭く、運動する年数が重なることによって軽減する傾向が見られる。

・抑うつ （Depression）：失意尺度、悲しみ・寂しさ・孤独感などのレベルを示す

　悲しみや寂しさ、孤独感などの気分が暗い状態にあるかどうかのレベルを測る尺度である。この得点が高くなるとスポーツにおいてはタイミングや動作が鈍くなるといわれている。

・怒り （Anger）：敵意尺度、他人に向かう敵意や怒りのレベルを示す

　他人に対する攻撃的な感情や怒りなど、敵意のレベルを測る尺度であるといえる。

・活動性 （Vigor）：活力尺度、元気・活動力のレベルを示す

　精力的・熱狂的で、高水準の活動力の気分に関する尺度である。活気に溢れ、気分の充実、元気旺盛な姿を示し、運動によって増大する傾向が見られる。

・疲労 （Fatigue）：無力尺度、疲れ・生気のなさのレベルを示す

　心身両面における疲労や不活発・低活力水準に関する尺度である。これはスポーツの種類によって異なるといわれる。

・情緒混乱 （Confusion）：困惑尺度、情緒の混乱した状態や焦りのレベルを示す

　精神的に不安定で自信が持てない程度や焦り、うろたえなどのレベルを測る尺度である。この得点が高くなると、パフォーマンス向上の妨げ、意志決定や判断の障害になるといわれている。

第2章　最高のパフォーマンスを発揮するための3要素

（採点方法）
①POMS採点表に質問項目の番号が書いてあるので、それぞれの質問の点数を書き込む。点数は5段階評価をそのまま使う。
②すべて書き込んだら、下位尺度ごとに縦に数字を足す。ただし質問項目22と54はマイナス点数になるので注意する。
③集計では、緊張では＋4、情緒混乱では＋4、抑うつと怒りでは2列分すべてを集計する。
④これらの手順で得られた採点表をもとに、POMSプロフィールに折れ線グラフを描く。

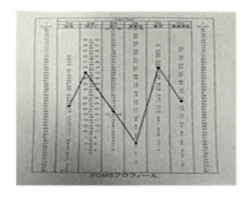

ミラー型
オーバートレーニングの選手に全ての下位項目が低いのみではなく多く見られる。

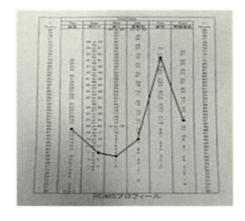

疲労型
疲労の項目の得点のみが他の項目に比べて極端に高い。

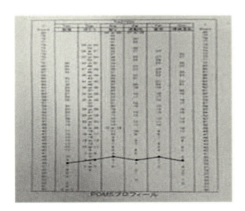

低得点型
全ての下位項目が低いのみでなく［活気］の得点の極めて低い選手。

ワークシート２　ＰＯＭＳ（記入例）

ＰＯＭＳテスト

氏名 _____　　性別 （男）・女　　年齢 **26** 歳　　　平成 **27** 年 **7** 月 **18** 日 実施

今現在のあなたの心の状態を最もよく表わしていると思われる番号の下の□を黒く塗りつぶして下さい。
番号は各々、次のような意味を表わします。

0・・・全くそんなことはない　　　1・・・全くないとは言えない　　　2・・・なんとも答えない
3・・・その傾向が強い　　　4・・・全くその通りだ

項目	0	1	2	3	4	項目	0	1	2	3	4
1. 他人に対して友好的だ					■	34. 興奮しやすい				■	
2. 精神的に緊張している		■				35. 孤独だ	■				
3. 怒っている	■					36. 惨めだ	■				
4. 疲れきっている		■				37. 頭が混乱している				■	
5. 不幸せな気分だ	■					38. 陽気だ				■	
6. 頭が冴えている				■		39. 苦い経験をした					■
7. いきいきしている				■		40. 力尽きてしまった					■
8. 気持ちが混乱している			■			41. 心配事がある				■	
9. ヘマをやったと後悔している	■					42. 攻撃的である		■			
10. 心が揺れ動いている	■					43. 心穏やかである				■	
11. 物事に気乗りがしない	■					44. ふさぎこんでいる	■				
12. 人のことでイライラしている		■				45. 絶望的な気分だ	■				
13. 人に親切だ					■	46. 無気力で怠けている	■				
14. 悲しい気分だ	■					47. 反抗的だ	■				
15. 活動的だ				■		48. 自分ではどうしようもない		■			
16. 神経質だ			■			49. 疲労困ぱいしている			■		
17. 人にむっつりしている	■					50. うろたえている	■				
18. 気が滅入っている	■					51. 気が充実している					■
19. 精力的である					■	52. だまされている気がする		■			
20. あわてふためいている		■				53. 怒りくるっている	■				
21. 失望している	■					54. 自分を有能だと思う			■		
22. ゆったりした気分だ				■		55. 物事を信じやすい				■	
23. 自分をとりえのない人間だと思う	■					56. 活気にあふれている				■	
24. 意地が悪い	■					57. 人に気難しい		■			
25. 思いやりがある					■	58. 自分を役立たずだと思う	■				
26. 不安だ	■					59. 忘れっぽい			■		
27. 落ち着きがない	■					60. 心配事がない		■			
28. 物事に集中できない	■					61. 大変おびえている	■				
29. 疲れている		■				62. 罪悪感がある	■				
30. 役にたっている				■		63. 元気旺盛だ					■
31. 他人に悩まされている		■				64. 万事に確信が持てない	■				
32. やる気をなくしている	■					65. ヘトヘトにくたびれている	■				
33. 憤慨している	■										

すべての項目に解答をお願いします。

第2章　最高のパフォーマンスを発揮するための3要素

ワークシート2　POMS

POMSテスト

氏名　　　　　　　　性別　男・女　　年齢　　　歳　　　　平成　　年　　月　　日実施

今現在のあなたの心の状態を最もよく表わしていると思われる番号の下の□を黒く塗りつぶして下さい。
番号は各々、次のような意味を表わします。

0・・・全くそんなことはない　　　　1・・・全くないとは言えない　　　　2・・・なんとも言えない
3・・・その傾向が強い　　　　　　　4・・・全くその通りだ

	0 1 2 3 4		0 1 2 3 4
1. 他人に対して友好的だ	□□□□□	34. 興奮しやすい	□□□□□
2. 精神的に緊張している	□□□□□	35. 孤独だ	□□□□□
3. 怒っている	□□□□□	36. 惨めだ	□□□□□
4. 疲れきっている	□□□□□	37. 頭が混乱している	□□□□□
5. 不幸せな気分だ	□□□□□	38. 陽気だ	□□□□□
6. 頭が冴えている	□□□□□	39. 苦い経験をした	□□□□□
7. いきいきしている	□□□□□	40. 力尽きてしまった	□□□□□
8. 気持ちが混乱している	□□□□□	41. 心配事がある	□□□□□
9. ヘマをやったと後悔している	□□□□□	42. 攻撃的である	□□□□□
10. 心が揺れ動いている	□□□□□	43. 心穏やかである	□□□□□
11. 物事に気乗りがしない	□□□□□	44. ふさぎこんでいる	□□□□□
12. 人のことでイライラしている	□□□□□	45. 絶望的な気分だ	□□□□□
13. 人に親切だ	□□□□□	46. 無気力で怠けている	□□□□□
14. 悲しい気分だ	□□□□□	47. 反抗的だ	□□□□□
15. 活動的だ	□□□□□	48. 自分ではどうしようもない	□□□□□
16. 神経質だ	□□□□□	49. 疲労困ぱいしている	□□□□□
17. 人にむっつりしている	□□□□□	50. うろたえている	□□□□□
18. 気が滅入っている	□□□□□	51. 気が充実している	□□□□□
19. 精力的である	□□□□□	52. だまされている気がする	□□□□□
20. あわてふためいている	□□□□□	53. 怒りくるっている	□□□□□
21. 失望している	□□□□□	54. 自分を有能だと思う	□□□□□
22. ゆったりした気分だ	□□□□□	55. 物事を信じやすい	□□□□□
23. 自分をとりえのない人間だと思う	□□□□□	56. 活気にあふれている	□□□□□
24. 意地が悪い	□□□□□	57. 人に気難しい	□□□□□
25. 思いやりがある	□□□□□	58. 自分を役立たずだと思う	□□□□□
26. 不安だ	□□□□□	59. 忘れっぽい	□□□□□
27. 落ち着きがない	□□□□□	60. 心配事がない	□□□□□
28. 物事に集中できない	□□□□□	61. 大変おびえている	□□□□□
29. 疲れている	□□□□□	62. 罪悪感がある	□□□□□
30. 役にたっている	□□□□□	63. 元気旺盛だ	□□□□□
31. 他人に悩まされている	□□□□□	64. 万事に確信が持てない	□□□□
32. やる気をなくしている	□□□□□	65. ヘトヘトにくたびれている	□□□□
33. 憤慨している	□□□□		

すべての項目に解答をお願いします。

POMS 採点表（記入例）

POMS採点表・プロフィール

POMS 採点表

POMS採点表・プロフィール

被験者＿＿＿＿＿＿＿＿＿＿　　平成　　年　　月　　日実施

緊張	抑うつ		怒り		活動性	疲労	情報混乱
2	5	9	3	12	7	4	8
10	14	18	17	24	15	11	28
16	21	23	31	33	19	29	37
20	32	35	39	42	38	40	50
(22)－	36	44	47	52	51	46	(54)－
26	46	48	53	57	56	49	59
27	58	61	****	****	60	65	64
34	62	****	****	****	63	****	****
+4	小計	小計	小計	小計	****	****	+4
合計	合計		合計		合計	合計	合計

T	FACTION						T
	Ten	Dep	Ang	Vit	Fat	Con	
Score	緊張	抑うつ	怒り	活動性	疲労	情報混乱	Score
80			44 or 45	31 or 32			80
79			43				79
78			42	30			78
77			41	29			77
76		59 or 60	40				76
75		58	39	28			75
74		56 or 57	38	27	28		74
73		55	37			28	73
72		53 or 54	36	26	27	27	72
71		52	35	25	26		71
70	36	50 or 51	34		25	26	70
69	35	49	33	24		25	69
68	34	47 or 48	32	23	24		68
67	33	46	31		23	24	67
66		44 or 45	30	22	22	23	66
65	32	43	29	21			65
64	31	41 or 42	28		21	22	64
63	30	40	27	20	20	21	63
62	29	38 or 39	26	19	19		62
61	28	37	25			20	61
60	27	35 or 36	24	18	18	19	60
59	26	34	23	17	17		59
58	25	32 or 33	22		16	18	58
57		31	21	16		17	57
56	24	30	20	15	15		56
55	23	28 or 29	19		14	16	55
54	22	27	18	14	13	15	54
53	21	25 or 26	17	13			53
52	20	24	16		12	14	52
51	19	22 or 23	15	12	11	13	51
50	18	21	14	11	10		50
49		19 or 20	12 or 13			12	49
48	17	18	11	10	9	11	48
47	16	16 or 17	10	9	8		47
46	15	15	9		7	10	46
45	14	13 or 14	8	8		9	45
44	13	12	7	7	6		44
43	12	10 or 11	6		5	8	43
42	11	9	5	6	4	7	42
41		7 or 8	4	5			41
40	10	6	3		3	6	40
39	9	4 or 5	2	4	2	5	39
38	8	3	1	3	1		38
37	7	1 or 2	0		0	4	37
36	6	0		2		3	36
35	5			1		2	35
34	4						34
33				0		1	33
32	3					0	32
31	2						31
30	0 or 1						30

POMSプロフィール

ワークシート３　メンタルスキルの特定と評価（記入例）

氏名：　金沢　一郎　　　　所属　石川大学経営学部サッカー部　　性別　⑨男・女

年齢　　　　22　歳　　　学年　　　3　年　　前：　2023 年　10 月　10 日

　　　　　　　　　　　　　　　　　　　　　　　後：　2023 年　12 月　20 日

スキルの特定 メンタルスキル	スキルの習熟度 （トレーニング前） １：弱い〜５：強い トレーニング前	スキルの習熟度 （トレーニング後） １：弱い〜５：強い トレーニング後
1　感情コントロール　心配 不安	① 2 3 4 5	1 2 3 ④ 5
2　感情コントロール　怒り 憤り	1 ② 3 4 5	1 2 3 4 ⑤
3　集中	1 ② 3 4 5	1 2 3 ④ 5
4　冷静	① 2 3 4 5	1 2 ③ 4 5
5　自信	1 2 ③ 4 5	1 2 3 4 ⑤
6　目標設定	1 ② 3 4 5	1 2 3 ④ 5
7　リラクセーション	1 2 ③ 4 5	1 2 3 4 ⑤
8　集中力	1 ② 3 4 5	1 2 3 ④ 5
9　イメージトレーニング	1 ② 3 4 5	1 2 3 ④ 5
10　セルフトーク	1 ② 3 4 5	1 2 3 4 ⑤
11　その他	1 2 ③ 4 5	1 2 3 ④ 5

*

心　配：具体的で解決すべき事柄がはっきりしているもの
不　安：具体的でなく、漠然としていて、曖昧なもの
怒　り：他者が見ても腹を立てていると分かる状態
憤　り：内なる感情であって、他者からの視線は関わりない

［R.Martens.2012 Successful Coaching 4th ed　より改編］

第2章　最高のパフォーマンスを発揮するための3要素

ワークシート3　メンタルスキルの特定と評価

氏名：＿＿＿＿＿＿＿＿＿＿　所属＿＿＿＿＿＿＿＿＿　性別　男　・　女

年齢＿＿＿＿＿歳　学年＿＿＿＿年　前：＿＿年＿＿月＿＿日

後：＿＿年＿＿月＿＿日

スキルの特定	スキルの習熟度 （トレーニング前） 1：弱い～5：強い	スキルの習熟度 （トレーニング後） 1：弱い～5：強い
メンタルスキル	トレーニング前	トレーニング後
1　感情コントロール　心配　不安	1　2　3　4　5	1　2　3　4　5
2　感情コントロール　怒り　憤り	1　2　3　4　5	1　2　3　4　5
3　集中	1　2　3　4　5	1　2　3　4　5
4　冷静	1　2　3　4　5	1　2　3　4　5
5　自信	1　2　3　4　5	1　2　3　4　5
6　目標設定	1　2　3　4　5	1　2　3　4　5
7　リラクセーション	1　2　3　4　5	1　2　3　4　5
8　集中力	1　2　3　4　5	1　2　3　4　5
9　イメージトレーニング	1　2　3　4　5	1　2　3　4　5
10　セルフトーク	1　2　3　4　5	1　2　3　4　5
11　その他	1　2　3　4　5	1　2　3　4　5

メモ

［トレーニング前］

［トレーニング後］

33

2）性格を理解しよう（YG 性格検査）

　YG 性格検査は、南カルフォルニア大学心理学教授であった J. P. ギルフォード教授が考案した 3 つの人格目録を、日本の文化環境に合うように矢田部教授、辻岡教授らによって標準化された性格検査である。行動特性、情緒の安定性、人間関係の取り組み姿勢、仕事に対しての取り組み姿勢、リーダー資質、知覚の特性、の 6 つの視点から性格を判断できる。

　下位尺度には 12 の因子を用いており、質問項目は 120 項目からなっている。回答欄は 3 段階（はい、？、いいえ）である。

①抑うつ（D）：陰気、悲観的気分、罪悪感の強い特質

②回帰性傾向（C）：著しい気分の変化、驚きやすい特質

③劣等感の強いこと（I）：自信の欠乏、自己の過小評価、不適応感が強い

④神経質（N）：心配性、神経質、ノイローゼ気味

⑤客観的でないこと（O）：空想感、過敏性、主観的

⑥協調性がないこと（Co）：不満が多い、人を信用しない性質

⑦愛想の悪いこと（Ag）：攻撃的、社会的活動性、ただしこの性質が強すぎると社会的不適応になりやすい

⑧一般的活動性（G）：活発な性質、身体を動かすことが好き

⑨のんきさ（R）：気軽な、のんきさ、活発、衝動的な性質

⑩思考的外向（T）：非熟慮的、瞑想的および反省的の反対傾向

⑪支配性（A）：社会的指導性、リーダーシップのある性質

⑫社会的外向（S）：対人的に外交的、社交的、社会的接触を好む傾向

（採点方法）

①粗点の算出

　検査用紙の付された部分をはがすと、特殊印刷で受検者の反応した〇印、△印、または、●印や、▲印が複写されており、これから 12 尺度の粗点を算出する。採点は、〇印が 2 点、△印が 1 点、ただし、●印と▲印は採点しない（つまり 0 点）。これは質問に対する第一印象を重く見るためである。各段の採点の合計を右隅の欄に記入する。

②プロフィールの記入

　用紙の中に印刷されているプロフィール欄に粗点を転記する。各尺度での該当点数を〇で囲む。各尺度の上側が男性、下側が女性である。その後で各〇を線で結ぶ。

YG性格検査における因子名と構成尺度

因　　子		尺度構成
情緒安定性尺度	D	抑うつ性
	C	回帰性傾向
	I	劣等感
	N	神経質
社会的適応性	O	客観性欠如
	Co	協調性欠如
	Ag	攻撃性
活動性因子	Ag	攻撃性
	G	一般的活動性
衝動性因子	G	一般的活動性
	R	のんきさ
内省性因子	R	のんきさ
	T	思考的外交
主導性因子	A	支配性
	S	社会的外交

問題・課題

(1) 最高のプレイのための3要素をあげなさい。またなぜ3要素が不可欠なのか説明しなさい。

(2) 冷静さとは何か？また、冷静さと無気力とは何が違うか説明しなさい。

(3) 冷静さ（自分の感情をコントロールする）はなぜ最高のプレイを発揮するために必要なのか？

(4) 自信やポジティブな構えがなぜ最高のプレイを発揮するために不可欠な要素なのか？

(5) 失敗するのではという恐怖を取り除き、自信を高める方法について説明しなさい。

(6) "心理的スキルに自信をもつ"とは何を意味するのか？また、それはなぜ大切なのか？

(7) PPIの結果を自己分析してみなさい。

(8) DIPCA.3の結果を自己分析してみなさい。

(9) POMSの結果を自己分析してみなさい。

(10) YG性格検査における因子名と構成尺度について説明しなさい。

第3章　メンタルトレーニングのエクササイズ

ステップ1　目標設定

1．夢に向かって目標を立てよう

　目標設定はメンタルトレーニング技法の中でも比較的多く用いられている技法の1つである。目標設定を行うことにより、やる気を高め、練習を乗り越え、夢に向かってエネルギーを増長することができる。そして、ただなんとなく目標を決めるのではなく、その目標がうまくいき、何が目標達成の阻害要因になっているかを見つけ、達成されるとどのような効果が得られるかを考えることが大切である。目標設定はワークシート4、5、6を参照。

表3－1　学校生活と競技生活の違い

項目	学校生活	競技生活
目的	知識の習得 人格の向上	競技をすること チームに貢献し、結果として評価を与えられる
周囲の環境	安定している	日々変化し、競技に及ぼす影響大
集団の構成	同年代 同じ階層 組織が単純	年齢がまちまち 上下の区別、チーム内外の区別がある 組織が複雑
立場	社会にお世話になっている 経済面で親に依存 （授業料を納める） 教えてもらう	競技を通じて社会へ貢献 あらゆる面で自立が必要 自ら学ぶ（自業自得）
責任	個人プレイ中心 個人の実績が中心 失敗は個人責任 「わかる」（知識）重視	役割分担があり、チームワーク重視 チームの実績が問われる 失敗は社会的責任 「できる」（実践）重視
指導者	先生	コーチ、先輩 チームメート
ルール	校則	チーム規則 チーム特有の風土、規範

【目標設定能力】＋【行動力】⇒【意欲】

　目標を明確にし、達成しようと行動する。つまり「自分から動ける」ということである。そして、自分から動けるか否かということは、すなわち、「意欲的な選手かどうか」ということとイコールである。よく競技の場面などで、「試合に出場できたら一生懸命やります！！」という形で自分の意欲を PR する選手がいるが、ここでアピールしている「意欲」にはまったく説得力がない。かえって「自分のやりたいことがはっきりしない、競技に対して意欲的ではない選手」というように、意図とは逆に解釈されたりする場合もある。

１）自分の目標を確認（ターム目標）

　まず、目標を確認・自覚するために[長期目標]、[中期目標]、[短期目標]、[感情目標]の４区分に分けて設定する。[長期目標]とは、最終的に達成したい目標を設定すること、[中期目標]とは、１年間位の間に自分が達成したい目標を設定すること、[短期目標]とは、今月、今週、今日のように、今現在の目標を設定することである。[感情目標]とは精神的に自分がどのようになりたいか、気をつけたいかを決める。選手にとって、最終的にどうなりたいのかを設定することによって、今後の見通しが立ち、そのために今何をしなければいけないのかを確認することが出来る。

「例」　　[長期目標] 全国大会入賞
[中期目標] 北信越優勝
[短期目標] 県大会で優勝＆自己ベスト更新
[感情目標] あきらめない。集中力を高める

２）目標達成のための具体的な目標（カテゴリ目標）

　設定した目標を達成するために、具体的にしなければいけないことや直さないといけないことを、技術面、身体面、精神面、生活面の４つの視点から考える。

「例」	
テクニック（技術面）	シュート成功率を上げる…方法：シュート練習を毎日欠かさず行う。
フィジカル（身体面）	持久力をつける…方法：ロングジョグをする。
メンタル（精神面）	モチベーションを上げる…方法：目標設定をしっかり行う。
ライフスタイル（生活面）	規則正しい生活を送る…方法：早寝早起きをする。

3）マンダラートを使った目標設定

　マンダラートとは、アイディアを整理・外化し、思考を深めていくことができる発想法の一つである。マンダラートを使った目標設定は、SMART の法則に則った目標設定方法の一つと言える。

＜マンダラートの目標設定の方法＞
① 3×3のマスを書き、その中心のマスに目標を書き込み、周りのマスにその目標達成に関連する事柄（必要なこと）を埋めていく。
② 8マスのうちの1マスについて、さらにこれに関連する事柄（方策）を周りに書いていく。
　目標＝達成したい目標
　事柄＝何が必要か
　事柄＝そのために何をすべきか

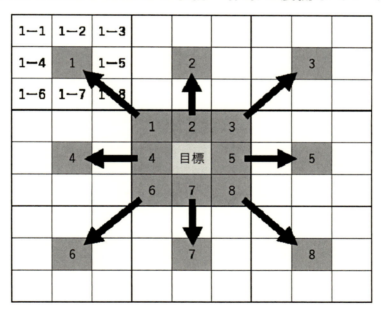

図3－1　マンダラートを使った目標設定

ワークシート４　目標設定シート１：ターム目標　（記入例）

記入日　　月　　日

目標設定のテーマ『ハンマー投げで50ｍ投げる。』

長期目標

全カレに出場し、予選を50ｍ以上投げて決勝に進出し、決勝で55ｍ以上投げて優勝する。 精神的には、周囲に流されない。 強い意志を持っている自信満々で試合に臨む。 2012年の国体に出場！

中期目標

記録会や、北信越大会で47ｍ投げる。 県大、北日本、北信越大会では必ず優勝する。 3投中に最低45ｍは投げておく。 精神的には、自信を持ち、自分が活躍している良いイメージをする。

短期目標

春インカレで44ｍ10cm以上投げる。 練習のトライアルで悪くても43ｍは3投の内に投げる。 ターンのスピードを上げていけるようにする。振り切りができるようになる。 キャッチを素早く行えるようにする。

感情目標

どんな大会でも、冷静に試合にのぞむことができるようにする。 自分がどういう気持ちで試合にのぞめば良い結果が出るのかを理解する。 自分の気持ちが高まる方法を理解する。 他のことに気持ちが向かないような集中力を身につける。

第3章　メンタルトレーニングのエクササイズ

ワークシート４　目標設定シート１：ターム目標

記入日　　　月　　　日

目標設定のテーマ『　　　　　　　　　　　　　　　　　』

長期目標

中期目標

短期目標

感情目標

ワークシート５　目標設定シート２：カテゴリ目標　（記入例）

記入日　　月　　日

目標設定のテーマ『ハンマー投げで 50 ｍ 投げる。』

技術面（テクニック）

1・スピード	方法	わざとファーストターン、セカンドターンを押さえ、ラストターンでスピードを上げる練習を行う。
2・フィニッシュ	方法	3ターンで投げるので、ターン練習の時は4ターンまできっちりターンする。

身体面（フィジカル）

1・体調管理	方法	ケガ、風邪が多いので気をつける。
2・トレーニング	方法	走、ウェイト、投の時期を見て、取り入れる。

精神面（メンタル）

1・記録を伸ばす	方法	1投目より2投目、常に上を目指す。
2・落ち着く	方法	思い通りに行ってなくても、呼吸法やポジティブシンキングで落ち着く。

生活面（ライフスタイル）

1・体を冷やさない	方法	体を温めるスパッツ、ヒートテック着用、重ね着
2・バランス良い食事	方法	野菜、肉、魚、ご飯などバランスよく食べる。

第3章　メンタルトレーニングのエクササイズ

ワークシート5　目標設定シート2：カテゴリ目標

記入日　　月　　日

目標設定のテーマ『　　　　　　　　　　　　　　　　　　　』

技術面（テクニック）

1・ 2・

身体面（フィジカル）

1・ 2・

精神面（メンタル）

1・ 2・

生活面（ライフスタイル）

1・ 2・

ワークシート６　マンダラートを使った目標設定　（記入例）

氏名：　金沢　一郎
作成日　2000年1月1日

目標：シドニーオリンピック入賞

スペース配分	後半L姿勢	肩キメ	各技単発練習	技習得	計画的積み上げ練習	スクワット80kg	ベンチプレス50kg	上半身強化
ジャンプ上げる技術	技術力	捻りのコツ	ミドルパワー	難度12.8	分習練習	朝トレ	筋力	体を変える
上にかける	技習得		トランポリンジャンプアップ		スタミナ練習	体幹	跳躍力アップ	トランポリンジャンプアップ
海外合宿（単独）	英語力	海外遠征	技術力	難度12.8	筋力		1日5時間練習	
友達	国際力		国際力	シドニーオリンピック入賞	基礎体力		基礎体力	ランニング30分
第二外国語習得	コミュニケーション		運	人間性	ミドルパワー		2部練習	
部屋の掃除	ゴミを拾う		余裕さ	向上心	謙虚さ		パワーマックス	30秒ダッシュ
感謝	運		素直さ	人間性	思いやり		ミドルパワー	スタミナ練習
優しさ	ジンクス	お参り	人間関係	挨拶	強さ		通し練習	

第3章　メンタルトレーニングのエクササイズ

ワークシート６　マンダラートを使った目標設定

氏名：

作成日　　　年　　　月　　　日

目標：

コラム4　10コインゲーム

ルール

1．ジャンケンをして先攻後攻を決める。

2．コインを取る人は1個か2個。3個以上取ってはいけない。

3．最後に◎を取った人が勝ちとなる。

○○○○○○○○○◎

10コインゲーム　例

○○○○○○○○○◎

○○○○○○○○○◎

10コインゲーム　解説

・勝つためには1、4、7が大事となる。

・段階を踏まえていくことが何事も大事である。

●○○●○○●○○◎

コラム5　SMARTの法則

SMARTの法則

「目標設定の際に一番注意しなければいけないのは、できる限り具体的な目標設定を心がけるという点である。」

基準

S: Specific（具体的な）

（例）試合で勝つ→県大会で優勝する

M: Measurable（計測可能な）・・・数字で表現する

（例）足を速くする・・・100メートル11秒台で走る

A: Agreed upon（同意できる）・・・本当に自分がやりたいこと？

（例）人から課せられた目標ではなく自分で考えて目標を立てる

R: Realistic（現実的な）・・・あまりに非現実的な目標は良くない

（例）ワールドカップで得点王になる→次の試合で得点王になる

T: Time-based（明確な期日のある）・・・いつまでにやる？

（例）逆上がりができる・・・〇月△日までに逆上がりができる

問題・課題

（1）目標設定する上で注意しなければならないことを述べなさい

（2）目標設定の効果、利点を3つ以上挙げなさい

（3）年間の目標設定の具体的方法を説明しなさい

（4）SMARTの法則を自分の専門競技にあわせて目標設定をしなさい

（5）あなたの将来の目標設定をしなさい

ステップ2 リラクセーション

1．リラクセーション

　リラクセーションは緊張に対応する心身の状態を指す言葉として使用されることが多く、心理的緊張状態が身体的緊張を誘発し、逆に身体的緊張が心理的緊張に影響することは、日常生活の中でしばしば経験されることである。緊張自体は問題ではなく、問題は過度に緊張することである。過緊張は、健康な生活やスポーツ場面における自己コントロールを妨げる要因である。このような身体的・心理的異常現象を抑制したり、過緊張を解いたりしていく方法として有効なのがリラクセーションである。

1）呼吸法（丹田呼吸）
①姿勢を正す。
②深呼吸で息を整える。
③1、2で鼻から息を吸い、
④3、4、5、6でゆっくりと口から吐き、
⑤7、8で息を止める。そして、3〜5のリズムを繰り返す。

2）瞑想法
(1) 定義
　「あるがままをうけいれること」瞑想法とは感情のコントロールを行い、心理的安定・心理的健康・精神集中などを高める手段である。リラックスしてあるがままを受け入れる状態のとき心は、いつもより掻き乱されることはなくなる。

(2) 効果と影響
・血圧を下げる。
・筋肉の反射速度が速くなる。
・不安やストレスを軽減させる。
・強迫的な行動パターンを意識する力。など

(3) 瞑想に関連したリラックスの方法（図3−2）

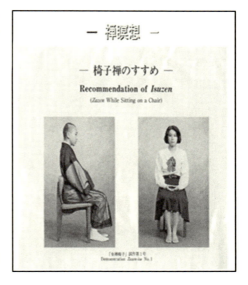

図3−2　椅子に座り禅瞑想を行う姿勢

ワークシート7　（記入例）

〈準備〉
・タイマーを7分にセットする。
・椅子に座って瞑想の姿勢をとる。
・そっと目を閉じる。
・深く長く息を吸う→少し止める→ゆっくり、そっと、ため息をつくように吐きだす。
・もう一度深呼吸をする。残っている緊張を解きほぐす。
・タイマーをオンにする。

STAGE 1　自分の呼吸を観察する―自分に気づく

> 自分の呼吸を観察する―自分に気づく―
> ただ呼吸に意識を持っていく。呼吸を見つめ、流浪する心のせいで別の方向に意識が行ってしまったらそれに気づき、そっと戻る。

ポイント
1、呼吸を意識的にコントロールせず、リラックスする。
2、ただ呼吸に意識を持っていく。呼吸を見つめ、流浪する心のせいで別のほうに意識が行ってしまったらそれに気づきそっと戻る。
3、「あるがままに……あるがままに……」何か別のことを考えてしまったり、もどかしくてイライラしたりしてしまってもよい。そのこと、その感覚に気づく。

実施日：令和　　年　　月　　日

普段、呼吸に意識を向けることがないので、気づきが多くあった。
鼻と口で呼吸していた。
呼吸が周りより速いことに気づき、焦ったことにも気づいた。
すべて「あるがままに」は感じられなかったが、少し分かった気がする。
意識できる自立神経なので、上手く利用できるようになりたい。

ワークシート 7

〈準備〉
- タイマーを 7 分にセットする。
- 椅子に座って瞑想の姿勢をとる。
- そっと目を閉じる。
- 深く長く息を吸う→少し止める→ゆっくり、そっと、ため息をつくように吐きだす。
- もう一度深呼吸をする。残っている緊張を解きほぐす。
- タイマーをオンにする。

STAGE 1 　自分の呼吸を観察する—自分に気づく

> 自分の呼吸を観察する—自分に気づく—
> ただ呼吸に意識を持っていく。呼吸を見つめ、流浪する心のせいで別の方向に意識が行ってしまったらそれに気づき、そっと戻る。

ポイント
1、呼吸を意識的にコントロールせず、リラックスする。
2、ただ呼吸に意識を持っていく。呼吸を見つめ、流浪する心のせいで別のほうに意識が行ってしまったらそれに気づきそっと戻る。
3、「あるがままに……あるがままに……」何か別のことを考えてしまったり、もどかしくてイライラしたりしてしまってもよい。そのこと、その感覚に気づく。

実施日：令和　　年　　月　　日

ワークシート8　（記入例）

STAGE 2　今ここに「現在、この瞬間にいること」

> ただ呼吸に意識を持っていく。呼吸を見つめ、流浪する心のせいで別の方向に意識が行ってしまったらそれに気づき、そっと戻る。

ポイント
1、リラックスして心が落ち着くようにする。
　　何か思考が浮び、思考が湧くまま、進むままにする。
2、思考が過ぎ去っていくにつれ、周りにある空間に気づく。
　　静けさがあり、静止しているこここそが今現在となる。
3、思考をあるがまま、静けさをあるがまま、すべてをあるがままにする。

実施日：令和　　年　　月　　日

リラックスするのに少し時間がかかり、
思考が過ぎ去っていくまでにも時間がかかった。
しかし、長い時間リラックスしていると何も考えない状態になった。
不思議な感覚の空間を味わった。
落ち着いていて気持ちが良かった。

［写真は金沢学院大学相撲部　中村友哉選手。（のちの大相撲力士　炎鵬）］

第3章　メンタルトレーニングのエクササイズ

ワークシート8

STAGE 2　今ここに「現在、この瞬間にいること」

ただ呼吸に意識を持っていく。呼吸を見つめ、流浪する心のせいで別の方向に意識が行ってしまったらそれに気づき、そっと戻る。

ポイント
1、リラックスして心が落ち着くようにする。
　　何か思考が浮び、思考が湧くまま、進むままにする。
2、思考が過ぎ去っていくにつれ、周りにある空間に気づく。
　　静けさがあり、静止しているこここそが今現在となる。
3、思考をあるがまま、静けさをあるがまま、すべてをあるがままにする。

実施日：令和　　　年　　　月　　　日

[写真は金沢学院大学相撲部　中村友哉選手。（のちの大相撲力士　炎鵬）]

51

ワークシート９　（記入例）

STAGE 3　裸の音－あるがままの音－

周囲の音を受け止め、その音が何だとか、どこでしたかなどは知ろうとしない。
音を定義、拒絶、判断したりせず、音というものを全くの純粋に裸の状態で取り扱う。

ポイント
１、意識をあなたの周りのすべての音に持っていく。
　　選り分けたり、拒絶したりしない。
２、それらの音がおのずと発生しては消えていくのにまかせる。
　　音がしたら「はじまった」、音がやんだら「終わった」と心での中で言う。
３、音によって何らかの思考のイメージ、あるいは体の感覚が出てきても問題はない。
　　ただそれに気づくこと。そして静かに音が消えていく瞑想に戻る。

実施日：令和　　年　　月　　日

音が入ってきて消えていくのは当然だが、
改めて静かな状態で聞く音はたくさんあった。
目を閉じているため、音から動きや風景を想像した。
楽しい気分になった。

［写真は遠藤聖大選手。金沢学院東高等学校３年生］

第3章　メンタルトレーニングのエクササイズ

ワークシート９

STAGE 3　裸の音－あるがままの音－

> 周囲の音を受け止め、その音が何だとか、どこでしたかなどは知ろうとしない。
> 音を定義、拒絶、判断したりせず、音というものを全くの純粋に裸の状態で取り扱う。

ポイント
１、意識をあなたの周りのすべての音に持っていく。
　　選り分けたり、拒絶したりしない。
２、それらの音がおのずと発生しては消えていくのにまかせる。
　　音がしたら「はじまった」、音がやんだら「終わった」と心での中で言う。
３、音によって何らかの思考のイメージ、あるいは体の感覚が出てきても問題はない。
　　ただそれに気づくこと。そして静かに音が消えていく瞑想に戻る。

　　　　　　　　　　　　　　　　　　実施日：令和　　年　　月　　日

［写真は遠藤聖大選手。金沢学院東高等学校３年生］

ワークシート 10　　（記入例）

STAGE 4　丁寧に断る―キャッチ・アンド・リリース―

> 厄介な思考を無理に追い出そうとせずに「会って出迎える」という技をさらに磨く。
> 大切なのは、礼儀正しくすること。
> その上で、厄介な思考が注意を引こうとしても「丁寧に断る」技を身につける。

ポイント
1、意識を軽く呼吸に持っていくと、あなたの意識の中に思考が姿を現す。
2、思考が現れたら、今そこに思考があり注意を引こうとしていると気づく。
3、断固として、それでいて丁寧に、その思考に巻き込まれるのを断る。
　　そして、意識を呼吸に戻すというこの繰り返しを行う。

実施日：令和　　年　　月　　日

意識を呼吸に持っていく感覚が身に付いてきた。
そうすると思考が湧いてきて、最初は「早く消さなければ」と
少し焦りながら断っていたが、なかなか断れず苛立ちも感じた。
自然に思考を断れるようになるには、毎日の繰り返しが大切だと思った。

ワークシート10

STAGE 4　丁寧に断る―キャッチ・アンド・リリース―

厄介な思考を無理に追い出そうとせずに「会って出迎える」という技をさらに磨く。
大切なのは、礼儀正しくすること。
その上で、厄介な思考が注意を引こうとしても「丁寧に断る」技を身につける。

ポイント
1、意識を軽く呼吸に持っていくと、あなたの意識の中に思考が姿を現す。
2、思考が現れたら、今そこに思考があり注意を引こうとしていると気づく。
3、断固として、それでいて丁寧に、その思考に巻き込まれるのを断る。
　　そして、意識を呼吸に戻すというこの繰り返しを行う。

実施日：令和　　年　　月　　日

ワークシート11　（記入例）

STAGE 5　安らいでいて、しかも研ぎ澄まされている

あなたの心の間により豊かで寛容な関係を育んでいく技術を学ぶ。

ポイント
1、自分が試合で発揮した最高のプレーを思い出す。
　　それをした時自分はどのように感じたかを感じてみる。
2、その感覚に身を浸したまま、心の中で
　　「私が安らいでいて、しかも研ぎ澄まされた気持でいられますように」と言う。
　　次に「私」の代わりに「チームすべての選手」を入れて繰り返す。
　　「チームとすべての選手が安らかでいて、しかも研ぎ澄まされた気持ちでいられますように」
　　終わりに
　　「私とチームすべての選手が安らかでいて、しかも研ぎ澄まされた気持ちでいられますように」
3、以上の無心、一心不乱、ゾーンを繰り返す。

　　　　　　　　　　　　　　　　　　　　実施日：令和　　年　　月　　日

最高のプレーを思い出すだけでも、心が高なるのを感じた。
心の文章でいうと「非常にポジティブ」になれた。
また、最高のプレーを思い出すことから一連の流れを通して
自分がとても集中できていることにも気づいた。
試合前は特に、毎日でも実施しようと思った。

ワークシート 11

STAGE 5　安らいでいて、しかも研ぎ澄まされている

あなたの心の間により豊かで寛容な関係を育んでいく技術を学ぶ。

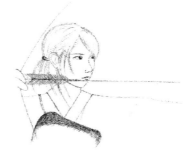

ポイント
1、自分が試合で発揮した最高のプレーを思い出す。
　それをした時自分はどのように感じたかを感じてみる。
2、その感覚に身を浸したまま、心の中で
　「私が安らいでいて、しかも研ぎ澄まされた気持でいられますように」と言う。
　次に「私」の代わりに「チームすべての選手」を入れて繰り返す。
　「チームとすべての選手が安らかでいて、しかも研ぎ澄まされた気持ちでいられますように」
　終わりに
　「私とチームすべての選手が安らかでいて、しかも研ぎ澄まされた気持ちでいられますように」
3、以上の無心、一心不乱、ゾーンを繰り返す。

実施日：令和　　年　　月　　日

２．バイオフィードバック

・バイオフィードバックとは

　バイオフィードバックとは全く特殊なフィードバック、つまり競技者の体の異なる部分、脳や心臓、循環器系、いろいろな筋肉群などからのフィードバックである。バイオフィードバック訓練というのは、身体機能を調整し、ついにはそれをコントロールするようにさせる手続きである。競技者の多くはそのような訓練なしに、決して内側からのフィードバックを受けることは出来ない。もし、われわれが行動のすべてを支配しようとするなら、フィードバックは絶対に必要である。これがなければ、内的空間の中での探査する結果を観察することのできない、目隠しをしたダーツ投げ同然である。典型的なバイオフィードバック訓練では、被験者の体の信号の１つあるいは幾つかを増幅できる装置と、それを観察しうる信号、つまり閃光やメーター針の動き、一定の音、ペンの振れの即座に変換できる装置を接続することによって、このフィードバックが被験者に与えられる。人はいったん自分の心臓の鼓動を「感じたり」、自分の脳波を「聞いたり」することができれば、それらをコントロールするのに必要な情報を持つことになる。

1）GSR2（Galvanic Skin Resistance：皮膚電気抵抗）

（1）GSR2とは

　GSR（皮膚電気抵抗）はGalvanic Skin Resistanceの略称。

　人は緊張したり、イライラしたり、興奮したり、落ち着かないと交感神経の働きで毛穴が開き汗をかく。汗は水分なので電気の通りがよくなり、皮膚の電気抵抗が変化し、その変化を電子的にとらえて知らせるのがGSR2である。はじめは低い音で、緊張してくると音は高くなり、やがて消える。GSR2でトレーニングをし、自発的に深くリラックスする方法を覚えれば、緊張や不安、焦りなどを少しずつ自分でコントロールできるようになる。

①トレーニング1
・　できるだけ毎日行うのが望ましい
・　1日に何回トレーニングしてもよい
・　1回 20 分くらいが適当
・　時間帯はいつでもよい
・　はじめは静かな部屋で仰向けに寝たり、いすにゆったり座ったりして行う
・　左手に GSR2 を持ち、人差し指と中指をプレートにおくと、その瞬間スイッチが入る

②トレーニング2
- 横にある黒いダイヤルを回し、「ブーッ」という低い音に合わせる。
- あとは軽く目をつむり、カセットテープに従ってトレーニング（リラクセーション）を行う。
- 注意事項として、トレーニング中に音が消えたら、そのまま続けるほうが効果的である。

うまくいっている証拠としては、「体が地面に吸い込まれる」「体が宙に浮いている」「体がぽかぽか温かい」「自分がどこにいるのかわからない」「体の一部がなくなったようだ」「とても気持ちよく幸福感を感じる」などの感じを受ける。

図3-3
バイオフィードバック機器

③効能
- 自己コントロールがうまくなれる。
- 集中力がつく。
- 心身の抵抗力がつく。
- ストレスがうまくとれる。
- 疲れをとるのがうまくなる。
- 潜在能力を引き出す準備ができる。
- 記憶力が増す。
- つまらない事にクヨクヨしなくなる。
- 生活力が増す。

④斬新的筋弛緩法
1）肺にいっぱいになるまで鼻から大きく息を吸う。
2）息を止めて、（両肩を堅くすくめて）首と肩の筋肉をできるだけ緊張させる。
3）緊張させた後、力を抜く。口からゆっくり息を吐く。首と肩の緊張を緩める。
4）楽に呼吸をする。首と肩の力が抜けているのを感じる。頭、首、肩が重く、力を抜いていると感じられることに意識を集中する。
5）腕の緊張と弛緩を1から4のステップで繰り返す。
6）足（脚）の緊張と弛緩を①から④のステップで繰り返す。
7）イメージを用いてうまくプレーしている様子を思い浮かべる。

1日に1～2回、全部で5～10分くらい行うとよい。

3. 状態ー特性不安検査（STAI）

1）STAIとは

State-Trait Anxiety Inventory-Form JYZ の略称。

新版STAIは、Spielberger.博士のSTAI（Form Y）を原版にして、日本人向けに標準化した心理検査で、状態不安と特性不安を各20問で測定しており、特に不安存在項目と不安不在項目の数を均一化して、日本人の特性であるポジティブな表現の禁止（抑性）を考慮したものになっている。

新版STAIは、集団、個人のどちらにおいても実施可能で、企業や学校、相談機関において、個人を対象にして実施する場合には、相談室や面接室のような個室を利用するとよい。組織的なメンタルヘルス、各種病院・福祉施設等での臨床用、学生相談、産業カウンセリング、そして研究用の資料として利用できる。できるだけ周囲の騒がしいところでの実施は避けて行うとよい。

2）方法・結果

回答は、各質問項目を読み、自分にもっともよくあてはまると思う番号を1つ選んで○で囲む。

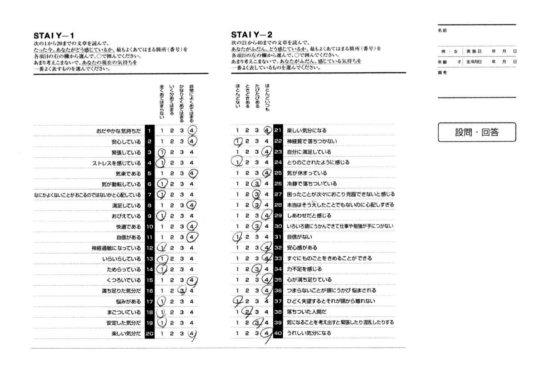

図3-4　STAIの設問と解答例

（1）状態不安尺度

　状態不安は、不安を喚起する事象に対する一過性の状況反応であり、そのときその
ときにより変化する。脅威であると知覚された場面では、状態不安の水準は高くなる
が、危険性が全くないかほとんどない場面では、状態不安は比較的低い。状態不安尺
度は、回答者が‘今まさに、どのように感じているか’を評価している。

（2）特性不安尺度

　特性不安は、脅威を与えるさまざまな状況を同じように知覚し、そのような状況に
対して同じように反応する傾向を表し、比較的安定した特徴を持っていて、不安傾向
に比較的安定した個人差を示す。特性不安尺度は、回答者が‘ふだん一般にどのよう
に感じているか’を査定している。

４．サイキングアップ

１）サイキングアップとは（Psyching up）

　「情動反応の自己調理法」の意味でリラクセーションの反対の行為です。ウォーミ
ングアップは体の準備運動のことですが、サイキングアップとは、心の準備のことで
ある。気分が乗らなかったり弱気になっていたりする、またリラックスしすぎたりプ
レッシャーで緊張しテンションが上がらない時がある。このような時に意識的に自分
の緊張や興奮を高めて気分を盛り上げ、最高の状態に持っていくための心理的ウォー
ミングアップのことをいう。

２）方法・結果

（1）「呼吸法」による方法

　腹式呼吸のテンポを速くして繰り返す。「１、２、３、４」で息を吸い込み「５、６、
７、８」で吐き出すくらいのリズムで息を吸う時間と吐く時間を同じくらいにする。
激しく動いた直後など心拍数が高まっているときは、「１、２」で吸い「３、４」で吐
くように全体のテンポを速めるとよい。

（2）「運動」による方法

　ダッシュや腿上げ運動などを繰り返し行うことによって、心拍数を高め心理的な興
奮度を高める方法。

（3）「イメージ」による方法

・空気中に赤いエネルギーの粒がたくさん散らばっていて、それらを吸い込むにつれ

身体中にエネルギーが充電され、パワーがみなぎるのを感じるイメージをもつ。
・自分が理想とする選手になりきったイメージをもつ。
・トラやライオンなどの強い動物になったイメージなどを描くのも有効。

問題・課題
(1) リラックスするための呼吸法、瞑想法について説明しなさい。
(2) バイオフィードバックについて説明しなさい。また、どのような効果があるのかも説明しなさい。
(3) STAI の結果を自己分析しなさい。
(4) サイキングアップについて説明しなさい。また、どのような方法があるのか述べなさい。

第3章　メンタルトレーニングのエクササイズ

ステップ3　集中力トレーニング

1．集中力を高めよう

・集中とは

　スポーツにおける集中とは、競技者が自らの最高のパフォーマンスを発揮するために必要不可欠な要素である。　しかし集中力とは長時間発揮し続けられるものではなく、また、騒音やコンディション、スタミナ切れ、誤審など様々な条件によって妨害されやすいものである。　集中力トレーニングとは、こういった悪条件化でも集中力を発揮できるようにするための訓練のことである。

1）ヤントラ

　ヤントラの起源は古代インダス文明にあり、インダス文明の遺跡から、円〇、四角形□、十字十、まんじ卍、の格子模様の印章がたくさん発掘され、これらの形を「ヤントラ」という。　また、このヤントラを持つことで神に近付き、心が浄化され、不運を遠ざけることができるとされている。

　メンタルトレーニングにおけるヤントラでは、白字の正方形の中央に黒字の小さな正方形が書かれた紙を用意し、　それを注視することで残像の維持、及びコントロールを身につけるものである。また、集中力トレーニングと同時にイメージのコントロールを鍛えることにもなる。

①しばらく中心の黒字の正方形に焦点を当てる。
②図とともに視点を四隅に移す。
③合図とともに視点を黒字の正方形に戻す。

　これを数回繰り返したあと、視点を白い壁に移すと、そこにはカラーの正方形が残像として見える。そうして残像のイメージコントロールを鍛えてゆくのがヤントラの目的である。

2）グリッドエクササイズ

　グリッドエクササイズとは、集中力を鍛えるためのメンタルトレーニングの1つである。

　スポーツの場面では、できるだけ不必要な刺激を取り除き、置かれた状況の中で、瞬時に必要な手掛かりに注意を集中しない限り、正確でスピーディーな動きは不可能

となる。

グリッドエクササイズは「瞬時に必要な手掛かりに注意を集中」する力を鍛えるための1つの集中力トレーニングである。グリッドエクササイズはワークシート14を参照。

（1）基本ルール

①紙に格子図が書いてあり（縦10列、横10列）、図の中には0〜99までの数字がランダムに配置されている。

②先生がある数字（例えば58）と言う。

③受講者は58を探し、鉛筆で○印をする。その後58以降の数字（59、60、61...）を1分間で出来るだけ多く探し○を付けていく。

採点方法

1分間の間に見つけられた数字の数が点数となる。

このトレーニングを続けてゆくうちに、点数を徐々に増やしていくことが目的となる。

（2）応用

スポーツにおいて集中力が求められるのは安静な状況下ばかりではない。走り回って息が切れているときもあれば、失敗が許されないような極度の緊張状態のとき、観客や応援団の歓声やヤジが絶え間なく聞こえてくるときなど様々である。

こうした状況を想定して

①実施中に話しかける、笑わせる

②ランニング直後に行う

③ノルマを定めてプレッシャーをかける　など

このような応用を効かせることにより、トレーニング効果はさらに高まるのである。

注：応用を効かせたトレーニングを行う前に、十分な基礎（応用なし）トレーニングを行う必要がある。

（3）グリッドエクササイズの例

①合図があるまで裏を向けておく

71	33	60	92	20	70	45	27	8	28
50	7	69	44	59	4	84	39	86	61
93	21	72	14	91	38	43	94	22	83
9	95	40	68	18	53	67	13	37	85
82	32	12	52	96	42	26	87	3	29
51	73	2	74	23	15	97	36	66	54
11	49	75	58	89	41	46	25	76	30
81	79	1	99	31	24	35	98	10	55
0	16	63	48	88	56	62	5	47	64
34	80	57	78	6	90	17	65	77	19

図3−5　グリッドエクササイズの例

第3章 メンタルトレーニングのエクササイズ

②最初の数字が指定される
　例 "最初の数字は「5」"
③ "アテンション、3、2、1、スタート！" の合図で表を向けて「5」を探して○をする
④「5」が見つかったら「6」、「7」と連続する数字を探して○を付けていく
⑤一分後、鉛筆を置き、丸の数を数える

コラム6　センタリング

　集中を理解する上での鍵となる概念は、センタリングという心理的な働きである。センタリングとはひとつの思考をチャンネルに合わせて、他のチャンネルを無視する心理的な働きである。ある意味で、心はテレビのようなものと考えられる。つまり、いくつかのチャンネルがあり、次々とチャンネルを切り替えられるが、一度に1つの映像しか映しだすことができないというわけだ。視覚系にセンタリングしている時、目に見えるものにはよく気がつくが、聴覚、タッチ（触感覚）、バランス感覚、身体の気づき、言語的な思考、そして他のチャンネルからの情報にはほとんど気が付かない。さらに、これらの感覚の1つ（現在ある感覚）に注意を向けるならば、イマジネーションによる過去の感覚的なイメージの"再生"を見ることもできない。同様に、心がイマジネーションに気をとられ、過去の感覚的な経験を再生しているならば、その時現在の感覚や"内面の声"には注意を向けられない。

　これが真実であることは幸いなことである。何に注意を向けているかについて、心は選択的なものだ。つまり、同時に2つ以上のチャンネルにセンタリングはできないが、チャンネル間でセンタリング交替させることができる。しかし、あるチャンネルに注意している時、他は心の背景へと消えてしまう。

～センタリングの種類～
・ソフトセンタリング
→1つの感覚系を使って広い範囲に注意を向けること。

・ファインセンタリング
→狭く限定して注意を向けること。
（P68　ワークシート13　参照）

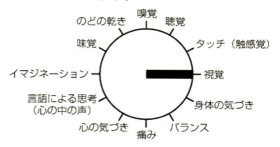

図3-6　心のチャンネル

［出典：マイクス, J. 著／石村宇佐一ほか訳（1991）『バスケットボールのメンタルトレーニング』大修

3）集中・注意

　集中力とは、適切な手がかりに注意を向ける能力、及び試合中の注意・集中を持続する能力のことである。Nideffer,R.M.（1988）によると、スポーツ選手に必要とされる集中力には広い—狭いという範囲と、内的—外的という方向性の二次元によって次のように4つに分類できる。

①一点集中や意識を一つに集中するなどの「狭い集中」。
②周りが予測できない状況が1秒ごとに変わり、味方や敵がどこにいるのかを瞬時に判断するような「広い集中」。
③自分の身体の内部（筋肉、心臓の音、フォーム等）に意識を集中する「内的集中」。
④自分の体の外からの情報（音、声、目に見える情報等）に意識を集中する「外的な集中」。

　この4つの集中をうまく使い分け、または切り替えてプレイしている。

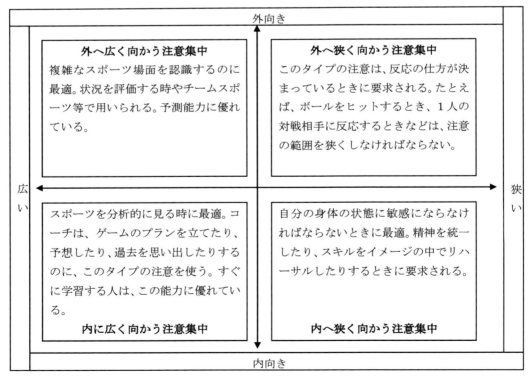

図3－7　4つの集中

第3章　メンタルトレーニングのエクササイズ

ワークシート 12　ヤントラ

67

ワークシート13　センタリング

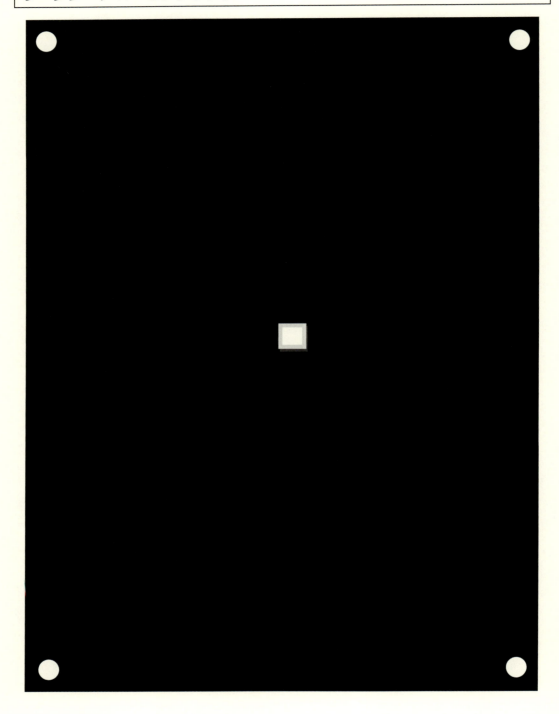

ワークシート14　グリッドエクササイズ

実施日：令和　　年　　月　　日

　下の2つの図の中には0から99までの数字がある。制限時間以内に指定された番号から順に数字を見つけてゆく。

64	33	79	6	81	46	19	57	75	37
44	87	20	73	16	90	32	88	11	45
10	62	85	42	98	58	95	1	66	18
52	38	26	0	53	9	43	74	39	83
28	76	70	4	31	47	94	21	99	56
91	3	23	96	12	92	30	97	71	17
49	84	77	59	89	82	60	86	50	34
78	14	68	27	63	25	54	2	93	65
29	69	8	48	41	72	35	13	40	5
22	61	36	55	15	7	80	67	24	51

46	89	20	73	31	64	10	95	24	75
93	27	96	53	5	85	57	36	0	15
13	86	7	78	45	12	76	54	47	63
74	19	99	50	28	97	69	18	90	6
66	37	41	1	71	22	4	51	29	81
32	11	82	60	35	94	61	39	14	40
92	55	98	17	80	9	87	70	56	83
3	88	42	77	43	84	44	2	62	23
68	52	21	8	72	38	26	91	30	48
25	79	58	34	49	65	16	59	33	67

コラム7　プレパフォーマンスルーティン

試合の前や試合中の重要な局面に、決まった動作を行うことでパフォーマンスを高めることをプレパフォーマンスルーティンと言う。このようなルーティンは、集中力や自己効力感を高めたり、不安を抑えたりするように働き、パフォーマンス向上に役立つと言われている。パフォーマンスの観点から、初心者にはルーティン介入を個別化する必要はなく、標準化されたルーティンが役立ち、経験豊富なアスリートや競争力の高いレベルでは、個別化したルーティンが推奨される。

問題・課題

(1) 集中力とは何か説明しなさい。

(2) 集中力を高めるトレーニングを2つ以上挙げなさい。

(3) 集中力を妨害されない練習法を挙げなさい。

(4) 集中力を持続するにはどうすればよいか述べなさい。

(5) ヤントラについて説明し、どのように活用するか述べなさい。

(6) 「センタリング」という用語は何を意味するのか。またどのように活用するか述べなさい。

(7) ファインセンタリングとソフトセンタリングの違いについて説明しなさい。

(8) グリッドエクササイズはどのような効果があるか説明しなさい。また、どのように応用できるか述べなさい。

第3章 メンタルトレーニングのエクササイズ

ステップ4 イメージトレーニング

1．よいイメージをもとう

　イメージトレーニングとはスポーツのトレーニング法の一種で、実際に体を動かすことなく、動いている自分を思い描くことで技術や戦術を向上させるものである。

　イメージトレーニングでイメージする時は、運動を見るイメージで描く視覚的イメージと自ら運動を行う形で描く運動イメージに大別される。この2通りの方法は、全く別の効果が期待できる。

　前者はプレイしている自分の姿を第三者として観察する客観的なイメージトレーニングで、自分の動きを映画のスクリーンを見ているようにして冷静に観察することを目的にしている。後者は視覚的イメージの中で自分がプレイする主観的なイメージトレーニングで、イメージの中で自分の肉体を動かし、その結果を自分で感じ取ることを目的とする。この方法ではイメージの流れに従って様々な反応が伴う。肉体的な技術を習得するためのリハーサルとしては最良の方法である。

　また、これらのイメージが鮮明になればなるほど実体験に付随した感情も体験されることになり、心理的スキルの習得にとって強力な手法となる。

1）最高のパフォーマンスをフィードバック（クラスター分析）
（1）クラスター分析とは

　もともとは数学上での統計的分析法であり、似通った固体あるいは変数のグループ化を行うための分析法である。メンタルトレーニングでは、自己の最高の成績を出したり、最高のプレイができたときの心理的世界を詳細に分析し、そのときの心理状態の特徴を中心に理解する方法として利用される。「こころ」の状態を視覚化させる。

　ピーク時の心理的特徴には、精神的リラックス、身体的リラックス、自信、集中、安心感などがある。クラスター分析の例、実践はワークシート15を参照。

（2）クラスター分析手順

①自分の中で今までで最もいい試合（プレイ）を思い浮かべる。

②思い浮かべた大会名等を大きい付箋に記入し、台紙に貼りつける。

③なぜ最高のパフォーマンスができたのかを自分なりに分析して、その要因について技術面や精神面の他にも、思いつくままに付箋に記入し貼り付けていく。

　最高のパフォーマンスができた時の要因を明確にすることで、普段からそれに近づけるようにするための1つの指標になる。

71

ワークシート 15　クラスター分析シート（作成例）

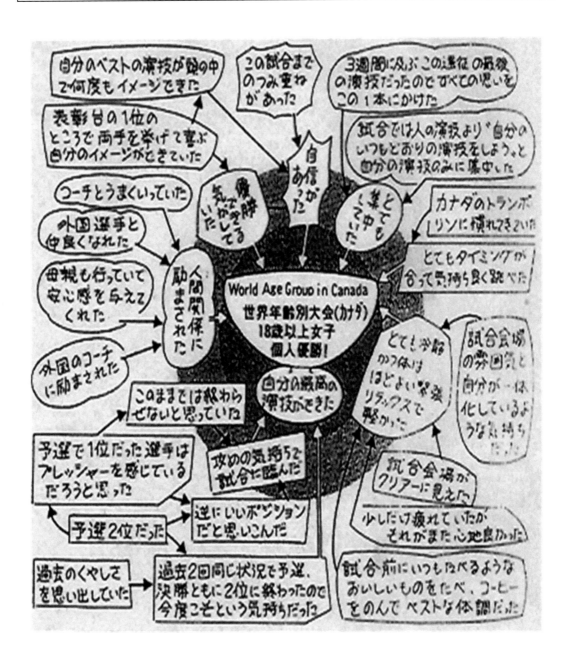

第3章　メンタルトレーニングのエクササイズ

ワークシート 15　クラスター分析シート（実際に作成してみよう！）

２）映像でイメージを鮮明に描こう（ビジュアルイメージ）

（1）イメージトレーニング用のビデオ作成方法

①自分たちの練習風景。

②学校、職場、選手の家の風景。

③地元の駅、空港などの試合に出発する場所の風景。

④電車、飛行機、バスの中の様子。

⑤試合会場のある町の駅、空港、バス停などの風景。

⑥ホテルなどの宿泊先に行くまでの風景、試合会場までの風景。

⑦ホテルの入り口、ロビー、従業員、フロント、部屋まで。

⑧部屋の中の様子、ベッド、シャワー、お風呂、トイレ、窓からの風景。

⑨ホテルから出発して、試合会場までの道のりと風景。

⑩試合会場の全景、周りの風景。

⑪試合会場の入り口から会場内、ロッカールーム、トイレ、客席など。

⑫試合会場に入り選手がプレイする場所、そこから見た客席などの風景。

⑬試合会場のコンディション。

⑭同じ会場で前もって試合があるようなら、会場の様子や観客、審判、コーチ、チームメイト、試合会場独特のざわめきなどを編集で入れる。

⑮試合前の理想ウォーミングアップや心理的準備の様子を編集で入れる。

⑯コーチがいつもする試合前の行動や動作、アドバイスなどを編集（コーチが話しすぎる、試合前から怒っている、脅している、いつも言っていることを繰り返すだけ、指導をしている、選手の気分を盛り上げていないなど、これはやらない方がいいと思うことをチェックして編集でカットする）。

⑰試合直前の状況、やるべき心理的、身体的準備、コーチとの打ち合わせなど。

⑱試合開始、開始すぐ、途中、タイムアウト、有利な状況、終了直前、終了。

⑲必ず勝った時のシーン、優勝の感動シーン、表彰式、観客の喜び、選手やコーチの表情などを編集する（他のチームやオリンピック選手の金メダル獲得シーンなどでも構いません）。

⑳あなたが一番に知らせたい人への報告シーン（ガールフレンド、ボーイフレンド、奥さん、旦那さん、両親、家族、友達などに報告し、互いに喜んでいるシーンを、勝利を確信したリハーサルだと言って撮らせてもらいましょう）。

　毎試合ごとに朝から試合が終わるまでのビデオを撮っておくと次の試合への反省や参考になる。

3）音声でその場の雰囲気を（リスニングイメージ）

　テープもしくは CD を用意して、ビジュアルイメージと同様、自分でテープや CD に音声を吹き込み、オリジナルのテープや CD を作る。手順はビジュアルイメージと同様に行う。試合当日の流れを音声でテープに吹き込み、1 項目ごとの音声の後にしばらく時間をとり、それぞれにイメージさせる。

コラム 8　言葉の力

```
 1）「命取られることはない（死ぬわけではない）」
 2）「観衆は自分にとって必要なアクセサリーだ」
 3）「気持ちだけは絶対に負けない」
 4）「弱気は最大の敵である」
 5）「試合に緊張はつきもの。『ブルブル』ときたら、天から応援が来たと思いなさい」
 6）「試合になるとみなうまく見える。君だって見られているよ」
 7）「良いことも悪いこともない。それは考え方次第だ」（シェークスピア）
 8）「生きてるだけでまるもうけ」
 9）「雨の日には雨の中を　風の日には風の中を」
10）「弱音を吐いたっていいがな　人間だもの　たまには涙をみせたっていいが
　　な　生きているんだもの」
※1）～6）は、1984 年ロサンゼルス五輪男子体操チーム監督　阿部和雄先生の言葉
　　9）、10）は、相田みつをさんの言葉
```

4）イメージトレーニングの活用範囲と方法

（1）イメージトレーニングの活用範囲

① 　新しい技術や動作パターンの習得

② 　フォームの矯正・改善

③ 　競技遂行に先立つリハーサル

④ 　心理面の改善・対策

（2）イメージトレーニングの方法

◆ 　残像トレーニング

◆ 　基礎トレーニング（好きな色、風景、用具、会場）

◆ 　内的（主観的）　しているイメージ（表 3−2）

◆ 　外的（客観的）　みているイメージ（表 3−2）

◆ 　VTR を用いたイメージ、身体活動を伴うイメージ

◆ 　メンタルリハーサル（作戦、ベストプレー）

表3－2　内的イメージと外的イメージ

内的（主観的）イメージ	外的（客観的）イメージ

森ひかる選手（2019, 2022世界トランポリンチャンピオン）のメンタルリハーサルの様子

問題・課題

(1) イメージトレーニングについて説明しなさい。

(2) イメージトレーニングを行う上での注意点を述べよ。

(3) イメージトレーニングを自分の専門競技にどう生かすことができるか述べなさい。

(4) 実際に試合、大会のイメージを描きなさい。

(5) クラスター分析の手順を説明しなさい。

ステップ5 セルフトーク

1．日常からポジティブになろう

　セルフトークとは心の中の自分に語りかけることである。自分が心の中で考えていることは、行動に影響するし、自分が何かを考えているときは、いつでもセルフトークしているということである。セルフトークにはポジティブなもの、論理的なもの、建設的なもの、自分を支持するものなどがあり、そういうものすべてが効果的に機能する。

　ポジティブセルフトークは自分の自信を高め、理想的なパフォーマンスを可能にしてくれる。反対に、セルフトークはネガティブにもなりえるので自分自身をより不安にさせたり感覚のバランスを失わせたりする。ネガティブセルフトークは感情の集中力を低下させるので、パフォーマンスへの影響は最悪である。自分がネガティブに陥りそうになった時、ポジティブセルフトークをするといい影響を与える。また、ポジティブセルフトークは強いモチベーションの力となって、自分の行動にも反映させる効果がある。

　慣れない言葉はとっさには出てこない。気づいて、変えて、使って、減らして、なくすには積極的に使って身に付ける以外にない。

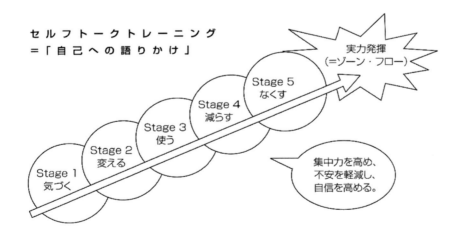

図3－8　ポジティブセルフトーク上達への5つのステージ（概念図）

1）「ABC 理論」（＝「ABCDE 理論」とは）

　論理療法は論理的思考によって情動的ストレスに対処する方法である。これは心理療法の1つで、考え方を変えてストレスや悩みの解決につなげるという思考の自己変革要素である。

　コーチは療法士ではないけれども、論理的情動行動療法によって選手がより良く考える援助が必要である。論理的情動行動療法は反応的な考え方に導いている選手の哲学に疑問を抱かせることによって、より論理的・生産的な考えを促すことを試みる。論理的情動行動療法の ABCDE 理論を以下に示す。

　この心理方法の軸となっている論理的思考、非論理的思考を追求することで、メンタルトレーニングの1つである心理的スキルの思考が感情を変え行動の変容がおこる。そこで ABCDE トレーニングとポジティブセルフトークを取り入れメンタルトレーニングに応用してみようと考えた。

　メンタルトレーニングの5ステップであるがポジティブセルフトークの積極的思考、ABCDE トレーニングの5ステップに分けられており、それぞれの段階で自己の内面を追求し実際のプレーの妨げとなっている思考に気づき、それを意識的に変えていこうとした。これは思考を変えれば感情が変わり、感情が変われば行動も変わるという基本に基づいている。

　人は悩みを抱えているとき、うまくいかない原因を自分以外の者のせいにして、被害妄想に陥ってしまうことがある。しかし実際に、同じ環境で明るく楽しく生活をしている仲間がいる場合もある。このようなケースは、日常生活だけに当てはまるものではなく、スポーツにおいても同様のことが考えられる。したがって消極的な考え方から積極的な考え方へ対応させる何らかの方法が必要になる。

　そのため有効な手段として「ABCDE トレーニング」は非常に大きな役割を果たす。これは「人間の悩みは出来事や状況に由来するのではなく、そのような出来事をどう受け取るかという受け取り方に左右される」ということを考える。また、消極的な考え方に導いている選手の哲学に疑問を抱かせることによって、より論理的な考えを促

認知行動療法 ━━➤ 論理療法 ━━━➤ ［ABC 理論］

［ABC 理論］＝「人間の悩みは、出来事や状況に由来するのではなく、そういう出来事をどう受け止めるかという受け取り方に左右される」という考え方。

1955 年　Rational therapy（RT）　心理学者の A・エリスが提唱。
國分康孝が「論理療法」と訳す。
1966 年　Rational Emotive Therapy（RET）
　　　　　1995 年　Rational emotive Behavior Therapy（REBT）

＊93 年以降、日本では主に REBT で通っている。

すことができる。

<國分康孝の論理療法>

「考え方次第で悩みは消える」という理論です。考え方のどこかにおかしなところがあるから悩むので、それゆえ、考え方を変えたら悩みは消えるというわけです。

おかしな考え方とは、（1）事実に即さない考え方（例、願望と事実の混同、推論と事実の混同、一般化のしすぎ、解釈と事実の混同）、あるいは、（2）論理性の乏しい考え方（例、失業したら死ぬしかない、離婚はよくない）の何れかです。

（1984年　カウンセリングQ＆A１　國分康孝　國分久子共著）

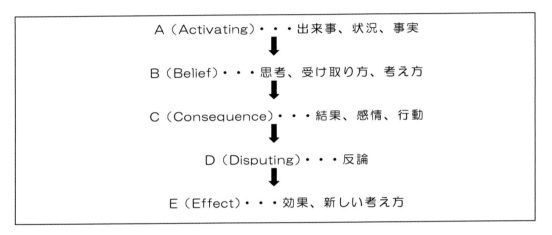

図３−９　ABCDE 理論

A＝その後の反応を導きだす原因となる出来事（ACTIVE EVENT）のことで、選手は不運や目標の追求を妨げる事柄を促進させる出来事に遭遇する。
B＝信念（BELIEF）のことで選手の信念は、不運や特別な方法における出来事に対する解釈へ影響を及ぼす。
C＝Bの信念から生じた情動的、行動的結果（CONSEQUENCE）である。選手は、信念の結果としての行動的、情動的結果を経験する。
D＝Dの段階の反論（DISPUTE）では新しい考えや受け取り方、信念が生まれ、新しい行動に移されるまで繰り返し反論する。
E＝Dの段階でいかに上手く反論ができ、納得し考え方を変える。その効果（EFFECT）で新しい行動に移す。

・**論理療法（「ABCDE トレーニング」）のスポーツへの応用**

　スポーツにおける非論理的思考とは、例えば、選手が "次も 100％失敗するとは決まっていない" のに「また失敗したらどうしよう」などと考える場合がそうである。つまり、無意識に事実ではない歪んだ考え方をして自分自身を情緒的に混乱させているのである。このような考え方を直すためには、「ABCDE 理論による実践をすることが望ましい。」

　選手は一般的に「この出来事（A）が原因でこの結果（C）になった」と信じている。例えば、アイスホッケー選手が対戦相手と衝突した（A）時、彼は憤慨し、乱闘を起こし、罰則を適用されるだろう（C）。この時、両選手は、彼らがしたこと（C）、その出来事を起こしたという情動的・行動的結果（C）、状況や自分の世界での信念、消極的な結果を招くと言われている。このように、出来事（A）は結果（C）の一因となるが、出来事（A）が結果（C）を独占的に引き起こすわけでない。信念（B）は、結果（C）を引き起こす出来事（A）と相互に作用する。そこでより良い考え方をするためには、自らの信念（B）と真剣に取り組むことが求められる（D）。しかし、一選手の信念、思考（B）を基に分析を行うと、主観的な見方に偏ってしまう恐れがある。そこで、まず客観的にアイスホッケーの例を分析してみると「衝突→（憤慨）→乱闘」という一連の流れは衝突の時点で食い止められたという考えに至る。なぜならアイスホッケーという競技の性質上、選手同士の衝突は一定の割合で、あるいは避けられないものであり、自身ではコントロールできないものだからである。しかし憤慨→乱闘の流れは、自身の感情抑制能力の拙さが招いている。

　試合後、彼は自身の思考（B）を頼りに、自身に対して反論（D）を行うだろう。「なぜ怒りを抑えられなかったのか」「スポーツマンとして自覚がなかったのではないか」と。そして、選手はより良い選手となるために、自分には何が足らなかったのか。何が必要なのかと自身に問いかける（E）。もはや、これは信念（B）の変化、あるいは思考の昇華ともとれるものであり、ABCDE トレーニングの成功例と言えるだろう。この思考過程がもたらした効果、新しい考え方（E）は、目標であるより良い選手へと彼を変容させる。

ワークシート 16　ABCDE 理論トレーニング（記入例）

実施日：令和　　　年　　　月　　　日

氏　名：＿＿＿＿＿＿＿＿＿＿＿

1．不快感情を誘発するような出来事をあげてみる。

> ・集合時間を守らない。
> ・チーム内のルールを守らない。
> ・チームワークを乱す行動、言動がある。

2．その出来事に対し、自分はどういう感情をもったのだろうか。

> ・時間を守らない人がいると、チームが迷惑する。
> ・イライラする。
> ・乱す行動を見たくない。
> ・言動を聞きたくない。

3．なぜそのような気持ちになったのだろう、また心の中でどう思ったのだろうか。

> ・自分自身に心の余裕がなかった。
> ・みんなで決めたことを守らないとチームではないと思ったから。
> ・チーム内の批判は気分が悪くなると思ったから。
> ・自分自身もそのような行動をしてしまったことがあるかもしれないから。
> ・イライラした。

4．3の中に非論理的思考（iB：イラショナル・ビリー）がないかチェックする。

> ・イライラした。

第3章　メンタルトレーニングのエクササイズ

ワークシート 16　ABCDE 理論トレーニング

実施日：令和　　　年　　　月　　　日

氏　名：＿＿＿＿＿＿＿＿＿＿＿

1．不快感情を誘発するような出来事をあげてみる。

2．その出来事に対し、自分はどういう感情をもったのだろうか。

3．なぜそのような気持ちになったのだろう、また心の中でどう思ったのだろうか。

4．3の中に非論理的思考（iB：イラショナル・ビリー）がないかチェックする。

2）ポジティブセルフトーク

（1）積極的語りかけとは

一般的に物事を前向きに肯定的に考えることをいう。競技志向に伴う思考には、パフォーマンスにプラスに働く積極的思考と、マイナスに働く消極的思考がある。集中力を高め、不安を軽減し、自身を高めてくれる積極的思考は、自己に対する積極的な働きかけによって生み出される。

気づいて、変えて、使って少なくしてなくす。慣れない言葉はとっさには出てこない。積極的に使って身につけよう。

（2）積極的語りかけの必要性

自分のミスや相手の思わぬ健闘など、不測の事態に直面し、パフォーマンスが混乱すると、多くの選手はその事象事態が自分のパフォーマンスを混乱させたと考えてしまう。しかし実際は、選手がその事象を消極的にとらえたために、パフォーマンスが混乱したと考えるべきである。この消極的な思考は、選手の消極的な自己への語りかけによって方向づけられたものであり、このことは集中力をなくし、自信を失い、不安を生み、緊張を増し本来持っている力を発揮できなくしてしまう。しかし、現実の出来事、つまり客観的情報は、肯定的にも否定的にもとらえることができる。つまり、個人の考え方次第で、消極的にも積極的にも方向付けることができるということである。よって物事を積極的に考える人は不安や緊張を解消し、自分本来の力を発揮し潜在能力を引き出す可能性が高まる。その結果、仮に不測の事態に陥ったとしても安定したパフォーマンスが保たれるようになり、勝利につながることになる。安定したパフォーマンスを保つために、積極的思考が必要なのである。

（3）積極的語りかけの実践・方法

①自分の内なる声に耳を傾け、自動化された消極的思考に気づく。

②消極的思考を引き起こすような出来事や状況を素直に受け止める。

③否定的な発言や考えである消極的思考から積極的で建設的な方向、プラス思考に転換する。

④普段から不測の事態になった時に行い、習慣化させる。

⑤自分の気持ちを後押ししてくれるようなジンクスがあってもよい。

3）非論理的思考反論の手引書

1．言葉遣いをチェックする

- 「絶対、いつも、誰でもみんな、どんなときでも、全部、～でなければいけない」など決めつけるような言葉を使っていないか。
- 「絶対」という言葉が出てきたらそういえる根拠はどこからきているのか探ってみる。

第3章　メンタルトレーニングのエクササイズ

2．考え方が極端に片寄っていないか

- All or Nothing 式の考え方になっていないか。・結果だけで物事を判断し、レッテルを貼っていないか。
- 「まぁ、こんなこともあるさ、まぁいいか」の考えができない二者択一的考えをしていないか。

3．物事を大げさに受け止めていないか

- ２の出来事を５くらいに受け取っていないか、主観を入れすぎて判断していないか。

4．過度の一般化や間違った一般化をしていないか

- １回や２回の結果で全体を判断していないか、これからもそう違いないと決めつけていないか、過度の一般化になっていないか。
- 他の人がそうだからといって、自分もそうしなければならないと考えていないか。

5．自分を責めすぎていないか

- 欠点ばかりに目を向けて長所を無視しているのではないか。
- 自分をけなす言葉を使っていないか。
- 自分の責任のないことまで「私が悪かった」「私の責任だ」などと考えていないか。自分の責任と他人の責任を客観的に判断しているかどうか探ってみる。
- 物事がうまくいかなかっただけで、自分はダメだと決めつけていないか。仕事の価値だけで自分の人間的価値を決めていないか。

6．事実や問題点に焦点を当てているだろうか

- 事実から目をそらすような言葉、「そんなこと嘘に決まっている」「そんなこと私に起こるはずがない」など使っていないか。
- 問題解決を急ぎすぎていないか。
- 感情に支配されて出来事や事実を意味づけて、決定していないか。問題がそれていないか。

7．答えのでない抽象的なことで悩んでいないだろうか

- 「そうしてこんな家庭に生まれたのだろう」「どうして人生はこんなに辛いのだろう」「将来はどうなるのだろう」など答えのないことを考え込んでいないか。

8．決めつけや思い込みはないだろうか

- 「自分にはこれしかない」と思いつめていないか、あるいは「～に違いない、～にきまっている」などの決めつけはないか。

9．自己犠牲を喜びと考えていないか

- 自己よりも他他者を喜ばすことを第一にしていないか。
- 「自分さえ我慢をすれば・・・」式の自己抑制をしすぎてないか。

10．他者非難をしすぎていないか

- 物事が期待通りにいかなかったとき、外にばかり悪者探しの目をむけていないか。
- 原因を外にばかり向けていないか。

11．望みと「～すべきだ」を混同していないか

- 自分が「こうして欲しい」という望みを「こうすべきだ」に置き換えていないか。
- 自分と他人は違う考えや意見を持っているのが普通であるとわかっているかどうか。

12．自己への関連付けをしていないか

- 「私の応援するチームはいつも負ける」など、本来個人には関連性のない事柄に対して、あたかも自分が関連しているかのように思い込んでいないか。

13．過去へのこだわりが強すぎていないか

- 過去への出来事にとらわれて、今を正確に把握していないのではないか。
- かつてそうだったから、今もそうだろうと過去と現在を混同していないか。

ワークシート17　Bの考え方に対する反論（記入例）

実施日：令和　　年　　月　　日

5．自分の受け取り方を論理的思考（rB：ラショナルビリーフ）と非論理的思考
　　（iB：イラショナルビリーフ）に分類する。

・論理的思考（rB）　　　　　　　・非論理的思考（iB）

- ・自分自身に心の余裕がない。
- ・チームのルールを守らないとチームが成り立たない。
- ・チームの批判は気分が悪い。

- ・イライラする。
- ・むかつく。
- ・腹が立つ。

6．自分が非論理的思考（iB）に対し、手引書（p84）を参考にしてゆっく
　　り考え、自分なりに反論する。

・非論理的思考（iB）　　　　　　反論

- ・イライラする
- ・むかつく
- ・腹が立つ

- ・イライラするのは、自分自身に余裕がないから自分がもっと確認するべきだった。
- ・むかつくで終わらせず思ったことを伝え、もっとルールを確立させればよい。
- ・ルールの大切さを伝える。
- ・腹が立つではなく、自分自身の行動や言動を見直してみる。
- ・間違っていると思ったら、自分自身

第3章　メンタルトレーニングのエクササイズ

| ワークシート 17　Bの考え方に対する反論 |

　　　　　　　　　　　　　　　　実施日：令和　　年　　月　　日

5．自分の受け取り方を論理的思考（rB：ラショナルビリーフ）と非論理的思考
　（iB：イラショナルビリーフ）に分類する。

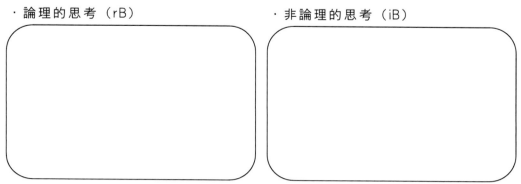

6．自分が非論理的思考（iB）に対し、手引書（p84）を参考にしてゆっく
　り考え、自分なりに反論する。

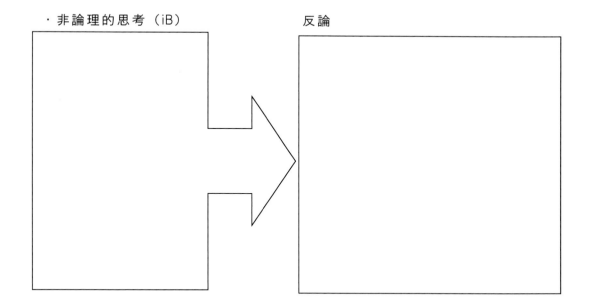

ワークシート 18　STAGE 1　『気づく』（記入例）

練習中や試合中の自分がネガティブな状態であることや、その原因である思考（セルフトーク A）を確認する。

- 最近の試合または練習のことを思い出してみましょう。
- その時に思った消極的なこと（ネガティブな気持ち）を書き出してみましょう。

実施日：令和　　年　　月　　日

＜箇条書きで＞

①疲れたなぁ…

②今日は暑いなぁ…

③負けたらどうしよう…

④相手、強いなぁ…

⑤自己ベストだせるかなぁ…

（感想）
- ネガティブな気持ちを思い出していたら、もっとたくさん出てくる気がした。
- いかに自分自身が日頃ネガティブな言葉を発しているかがわかった。
- これからはネガティブな気持ちをなくしていきたい。

[写真は嶋本麻美選手。ロンドン五輪ウエイトリフティング女子 75kg 超級　日本代表]

第3章 メンタルトレーニングのエクササイズ

| ワークシート 18　STAGE 1　『気づく』 |

練習中や試合中の自分がネガティブな状態であることや、その原因である思考（セルフトークA）を確認する。

・最近の試合または練習のことを思い出してみましょう。
・その時に思った消極的なこと（ネガティブな気持ち）を書き出してみましょう。

　　　　　　　　　　　　　　　実施日：令和　　年　　月　　日
　　　　　　　　　　　　　　　　　　　　　＜箇条書きで＞

①_____
②_____
③_____
④_____
⑤_____

（感想）

［写真は嶋本麻美選手。ロンドン五輪ウエイトリフティング女子75kg超級　日本代表］

ワークシート 19　STAGE 2　『変える』（記入例）

セルフトークを変える目的とは、「緊張」「怒り」「不安」「目的」「後悔」「恐怖」などこれらネガティブな感情にとらわれてしまった状態から自分を回復する。
セルトークA－をセルフトークBに置き換える。

・STAGE1で書き出したネガティブな気持ちをそれぞれポジティブな気持ちに置き換えてみましょう。

実施日：令和　　年　　月　　日

＜箇条書きで＞

①良い疲れだ。この調子で頑張ろう！

②暑いけど、声出していこう！

③いつも通りにやれば大丈夫！

④意外とやってみたら普通かも！自分も強い！！

⑤自分の力を出し切るだけ！

⑥リラックスして集中して！

（感想）
・考え方を少し変えるだけでこんなにも違うものなんだと感じた。
・これからは、消極的セルフトークを積極的セルフトークにしていきたいと思う。
・少し気持ちがすっきりした。

第3章　メンタルトレーニングのエクササイズ

| ワークシート19　STAGE 2　『変える』 |

セルフトークを変える目的とは、「緊張」「怒り」「不安」「目的」「後悔」「恐怖」などこれらネガティブな感情にとらわれてしまった状態から自分を回復する。

セルトークＡ－をセルフトークＢに置き換える。

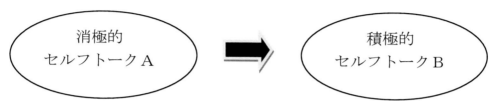

・STAGE1で書き出したネガティブな気持ちをそれぞれポジティブな気持ちに置き換えてみましょう。

実施日：令和　　年　　月　　日

＜箇条書きで＞

①_____
②_____
③_____
④_____
⑤_____
⑥_____

（感　想）

ワークシート 20　STAGE 3　『使う』（記入例）

セルフトークを使うことの目的は、セルフトークを意識的に生み出すことで、自らの行動を強化し、修正し、自分がセルフトークを使っていることを確認する。慣れない言葉はとっさに出てこない。積極的に使って身に付ける以外にない。

・最近の試合または練習、日々の生活でセルフトークを使ったことを思い出してみましょう。

実施日：令和　　年　　月　　日

＜箇条書きで＞

① 負けるかもしれない。　　➡　　自分たちの方が強い！

② ミスするかも……　　➡　　上手くいく。いつも通り！

③ 疲れたなぁ……　　➡　　大丈夫！まだやれる！

④ 集中できない……　　➡　　ここが大事！！

⑤ 焦ってきた……　　➡　　落ち着いて！リラックス！

（感想）
・日頃のネガティブな考えをだんだんポジティブな考えにすんなり変えることができてきた気がする。
・自分の意思が強くなった感じがする。
・これからも続けていきたい。

第3章　メンタルトレーニングのエクササイズ

| ワークシート 20　STAGE 3　『使う』 |

セルフトークを使うことの目的は、セルフトークを意識的に生み出すことで、自らの行動を強化し、修正し、自分がセルフトークを使っていることを確認する。慣れない言葉はとっさに出てこない。積極的に使って身に付ける以外にない。

・最近の試合または練習、日々の生活でセルフトークを使ったことを思い出してみましょう。

　　　　　　　　　　　　　　　　　<u>実施日：令和　　年　　月　　日</u>
　　　　　　　　　　　　　　　　　　　　　＜箇条書きで＞

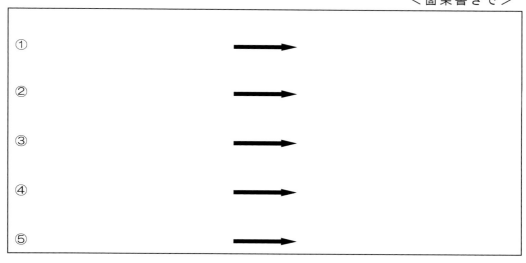

（感想）

93

| ワークシート21　STAGE 4　『減らす』（記入例） |

消極的な言葉をできる限り減らすことで、雑念やネガティブな感情からも離れ、自分なりに集中力を高める。

- 最近の試合または試合のことを思い出してみましょう。
- その時に思った消極的なこと（ネガティブな気持ち）を書き出してみましょう。
- STAGE1で書き出したネガティブな気持ちをそれぞれポジティブな気持ちに置き換えてみましょう。

実施日：令和　　年　　月　　日

＜箇条書きで＞

①負けたらどうしよう……

②自己ベストだせるかなぁ……

③試合してる時疲れたらどうしよう……

④ミスしたらどうしよう……

⑤相手強そうだなぁ……

（感想）
- 前回はネガティブな考えが書ききれないくらい多く浮かんできたが、今回はあまりネガティブな考えが浮かんでこなかった。
- 少しずつ自分の中で何かが変わってきている。
- 積極的セルフトークを意識して実施してきた結果が出てきている。

第3章　メンタルトレーニングのエクササイズ

ワークシート 21　STAGE 4　『減らす』

消極的な言葉をできる限り減らすことで、雑念やネガティブな感情からも離れ、自分なりに集中力を高める。

・最近の試合または試合のことを思い出してみましょう。
・その時に思った消極的なこと（ネガティブな気持ち）を書き出してみましょう。
・STAGE1で書き出したネガティブな気持ちをそれぞれポジティブな気持ちに置き換えてみましょう。

実施日：令和　　年　　月　　日

＜箇条書きで＞

① _____
② _____
③ _____
④ _____
⑤ _____

（感想）

ワークシート 22　STAGE 5　『なくす』（記入例）

自分のセルフトークを振り返り、消極的思考をそもそもなくすことで完全に集中した状態、すなわちゾーン（zone）やフロー（flow）に入り、最高の実力を発揮すること。

- ネガティブ、ポジティブなセルフトークにかかわらず書き出してみましょう。
- ネガティブな語りがなくなって、ポジティブな話しかけになっているか確認しよう。

実施日：令和　　年　　月　　日

＜箇条書きで＞

①落ち着いてやれば大丈夫！

②しっかりとした気持ちでやれば大丈夫。自分に自信を持て！

③集中していれば気にならない！

④いつも通りやれば大丈夫！自分を信じて！

⑤自分が1番強い！！

（感想）
- ポジティブな語りが根付いてきていると思う。
- ポジティブな考えをできる機会が増えてきた。
- 積極的セルフトークを意識して実施してきた結果が出てきている。

第3章 メンタルトレーニングのエクササイズ

ワークシート22　STAGE 5　『なくす』

自分のセルフトークを振り返り、消極的思考をそもそもなくすことで完全に集中した状態、すなわちゾーン（zone）やフロー（flow）に入り、最高の実力を発揮すること。

- ネガティブ、ポジティブなセルフトークにかかわらず書き出してみましょう。
- ネガティブな語りがなくなって、ポジティブな話しかけになっているか確認しよう。

実施日：令和　　年　　月　　日

＜箇条書きで＞

① _____
② _____
③ _____
④ _____
⑤ _____

（感想）

97

問題・課題

(1) ABCDE 理論の基本原理について説明しなさい。

(2) ABCDE 理論の文字は何を示しているか述べなさい。

(3) 論理的な考えの結果の例をあげなさい。

(4) 非理論的な考え方の結果の例をあげなさい。

(5) ABCDE 理論をスポーツに応用するにはどうすればよいか説明しなさい。

(6) ポジティブセルフトークとはなにか説明しなさい。

(7) セルフトークトレーニングを行うことの利点をあげなさい。

(8) セルフトークトレーニングの5段階を挙げなさい。

(9) ポジティブセルフトークの積極的語りかけの実践方法について述べなさい。

第4章　コーチと選手のメンタルトレーニング

～成功するための必要条件～

1）大切な5つのC

　パフォーマンスを高めるために、コーチや選手がチームの環境を最適にするよう、共にメンタルトレーニングをしていく必要がある。コーチが選手に能力を超えた練習を強いたり、暴力的な行動に及んだりすること、選手がコーチに反抗し同級生や後輩に暴力を振るうことなどのないようにする。

　コーチは選手の自信や集中力、精神的な強さそして不安や怒りを抱えた中で注意力を発揮する重要性に気付いている。しかし、このメンタルスキルの指導は難しい。メンタルトレーニング指導士の助けは、メンタルスキルの指導においては助けになるが、日々の練習において、コーチがメンタルスキルの指導者となる。どのようにしてメンタルスキルを指導し、重圧の掛かっている状況で、どのように対応するかどのように動機付けその結果をフィードバックするかは、選手のメンタルスキルの強化にも影響をしてくる。コーチとして成功するためには、メンタルトレーニング指導法を学ばなければならない。それによって自分の指導する協議に必要な基本的なメンタルスキルの指導法を知ることになるだろう。また、さらに良いことには、コーチ地震のメンタルスキルを改善し試合中に戦略に基づいた戦術的判断を下すようになる。メンタルトレーニングの指導法を学ぶことは、コーチ地震のメンタルスキルを改善しタフになる。

　ジョン・ジアニーニ（John Giannini）バスケットボールのコートセンス（COURT SENSE: winning Basketball's Mental Game）を参考にしてコートやグラウンドで成功するための5つのCの必要条件を示した（図4－1）。

図4－1　コートで成功するための必要条件

2）コーチングを高めるためには（Coach Ability）

　我々はコーチングの力を、一方通行のものであり、コーチの指示に選手がどれだけ早くポジティブに反応するかだと考えがちである。しかしそれがすべてではない。コーチが指導プログラムをどのように立案し、実行するかが、どのように選手が反応するかに大きく関係している。

（1）信頼・尊敬されるコーチ

　NBAの偉大な元コーチ、チャック・デリーは「選手と共にやっていく鍵は、選手が自分に指導をさせてくれているということを忘れないことだ」と言った。言い換えれば、選手があなたたにコーチされたいと思わなければならないということで、コーチは選手に「話を聞きたい」、「コーチされたい」と思わせるように努力しなければならない。選手に、あなたのためにプレイしたいと思わせる鍵は以下の様なことである。

①　競技の知識

　競技の知識とは競技のルール、技術的スキル、戦術的スキルが主にあげられる。コーチは競技の知識を理解することで適切な指導が行うことができる。技術スキルや戦術的スキルを適切に教えることでコーチは選手から尊敬される。尊敬を得ることで倫理的行動、感情の制御、他人や自分に対する尊敬、生活術を教える際の信頼を得ることができ指導を円滑に行うための手助けをしてくれる。競技の知識は日々、進化しておりコーチは、そのことを理解するとともに競技のあらゆる面について勉強する必要がある。

②　意欲　モチベーション

　選手自身に成功しようとする意欲が必要なようにコーチ自身にも成功しようとする意欲が必要となる。コーチの意欲とは世界中の技術や知識を身につけ指導する際に役立てようと心がけることである。コーチ自身が選手の意欲を必要とするように選手もコーチの意欲を必要としている。

③　共感

　共感とは選手の考え、感覚、感情を理解し自分の感受性を伝えるということである。共感することのできるコーチは「選手の喜び」「欲求不満」「不安と怒り」を感知することができ選手の価値を過小評価したり責めたりすることなく選手を尊重していることを躊躇なく伝える。

④　まとめ

　選手に「話を聞きたい」「コーチされたい」と思われるコーチになるには高いモチベーションを持ち、競技の知識を生涯かけて学び選手の感情を理解し共感することが大切となる。これを実践することで選手から尊敬・信頼を得ることができる。尊敬・信頼は良好な人間関係を形成するうえで重要となりコーチ自身も指導を円滑に進めることが可能となる。

（2）コーチの指導スタイル

　大部分のコーチは次の3つのコーチングスタイルいずれかをとる傾向がある。

①　命令スタイル（独裁者）

　命令スタイルではコーチはすべての決定権を握り選手はコーチの命令に服従する。コーチは知識と経験があるため何をすべきか選手に命令することが役割であるということがこのスタイルの指導の基礎にある。選手は聞いて覚えて従うだけである。

②　従順スタイル（ベビーシッター）

　従順スタイルをとる指導者は自身の決定権をできる限り小さくする。例えば「ボールを投げるから遊びなさい」という取り組みがあげられる。コーチはほとんど指示を出さずチームに最小の声がけを行い必要な時だけ規律問題の解決に協力する。このタイプの指導者は命令や指導能力が欠けているか、指導者として無責任であるか、指導について大変間違った考えをしているといえる。

③　協調スタイル（教師）

　協調スタイルを選択する指導者は意思決定を選手と話し合い行う。コーチはリーダーシップを発揮し選手を目的の達成へと導く責任があることを認めているが責任感のある人間になるために選手は決断することを学ばなければならないことも理解している。協調スタイルの難しいところはコーチが選手を指導する部分と選手自ら行うことのバランスをとることである。協調スタイルと呼ぶ理由はコーチが選手と協調して意思決定することにある。

・コーチの指導スタイルの評価

　まず従順スタイルは忘れてしまおう。それは本来の指導ではなくベビーシッターである。いわば指導者としての任務を放棄していると言える。

　命令スタイルは一般的でプロスポーツの世界、大学、高校では主流とされる。このスタイルは一般的に未熟なコーチがとるスタイルである。一部の指導者は自分自身の

能力を疑っていることを隠すためこのスタイルを採用している。選手がコーチに質問できなければ、また指導者が指導方法を選手に質問しなければこの事実を暴露されないと勘違いをしているといえる。命令スタイルの指導者はスポーツを楽しもうという選手の本質を妨げているといえよう。

協調スタイルはコーチとしての役割を果たさずに選手のやりたい放題させていると感じる人もいるが、それえは誤解であり協調スタイルの指導とは規則や秩序を守らせないということではない。協調スタイルの指導者は必要な指導や教育はするが、いつ選手自身に意思決定させて責任を持たせなければいけないか理解している。これにより選手もコーチに対しての恐怖心ではなく自分自身の満足感によってやる気を起こすことになる。よって協調スタイルはコーチの理想の指導スタイルと言える。しかしリスクも存在し選択肢の成否に絶対はないためコーチとしてより高い技術が必要となる。

（3）コーチの役割
- 戦術や約束事の背景を説明すること。選手にやるように伝えるだけではいけない。なぜそうすることが助けになるかを説くこと。どんな指導でもこの原則から始めればいい。
- 選手と話をし、彼らについて学ぶことによって選手をよく知ること。
- 各選手がどれだけの批判を受け取ることができるようになるか知ること。選手がかなりイライラしているときには、１対１で話をし、問題はつぼみのうちに摘み取ること。
- 特に選手の個人的な生活に関して、彼らに対して誠意、誠実さ、思いやりを示すこと。
- 試合で負けているとき、感情に任せて選手を打ちのめしてはいけない。負け続けているときにコーチが常に選手を責めているならば、そのチームを滅ぼす可能性がある。問題解決行動、一層の努力、そして励ましが負け続けているときには必要である。
- 公のところで選手を褒め、批判するときは個人的に、あるいはチーム内に限ること。
- 可能な限り面白いことや楽しいことを認めること（集中力や努力を損なわないようなやり方で）。

（4）コーチングには忍耐が必要
コーチングを行う際、選手をほめることもあれば批判しなければならないときもある。
コーチングスタッフから選手への批判は、２つの要因によって程良くされなければ

ならない。まず1つ目はコーチングスタッフ全員が、選手は感情や欠点を持つ人間だということを認識しなければばらないことである。これはソフトなコーチングアプローチを用いなければならないとか、批判を控えるべきだということではない。批判する前に、コーチは選手との間に良好な関係の土台を築いておく必要がある。選手は悪いところのフィードバックを嫌がるかもしれないが、それが選手やチームを上達させるためになされていることがわかれば、より受け入れやすくなるだろう。

　2つ目は、コーチが自分自身とその選手を信じなければならないということである。こうすることで選手に安心感をもたらすことができる。選手に安心感をもたらすことができれば適切な賞賛と批判を受け入れやすくなり、自信を持った指導ができる。これを身体的能力に優れた選手に行うのは簡単である。しかし、能力の少し落ちる、あるいは劣った選手にはかなり難しい。そのような状況下ではミスの許容がとても狭く、完璧にプレイしないと負けに繋がると恐れる傾向にある。だからすべてのミスが致命的に思え、コーチングスタッフがついつい過剰反応しがちになる。

　その結果選手はより不安になり苛立つ。この点でコーチングスタッフは忍耐強くなければならない。コーチはこのような状況下で、批判的になりすぎないように、感情的にならないようにしなければならない。

(5) 共通の基盤　コーチング力を高めるためには

　コーチング力を高めるために必要なことは、時々コーチと選手の間で、直接的なミーティングを行うことである。このミーティングでコーチは、選手が時々うまくいかなくなることを予測できなければならない。そして選手に、うまくいかなくなることに負けるべきでなく成長と発展する機会と捉えて頑張るべきだということを説明する必要がある。成長の痛みは健全であり、選手がその可能性を開花させるためにコーチが積極的に痛みを与えることも必要である。一時的な不快さを受け入れその課題を乗り越えられる選手には最もコーチングが可能であり、成功する選手である。ミーティングで選手に訓練のための努力の痛みと思わせるか後悔の痛みと思わせるかはコーチしだいである。

　しかしながら結局のところ、コーチング力はコーチされたい選手とその望みを支えるコーチに帰着する。選手は自発的に協力するか？可能な限り理解しようとして質問するか？上達のためのフィードバックを求めるか？もしこうならコーチングできる可能性は高い。だから選手の能力を最大限に引き出せるかどうかはコーチの力にかかってくる。仕事のカギとなる部分や専門的な成長がコーチを喜ばせ続ける。コーチの期待に沿うことが選手個人やチームの利益になるということを、コーチは選手にはっきりと伝える必要があるのである。

3）コーチと選手のコミュニケーション（Communication）

コミュニケーションは、記憶を揺り動かし、感情を呼び起こす。

ポジティブにコミュニケーションをとることができれば、物事はスムーズに進み、チームもうまくプレイするが、コミュニケーションをとることができなければ、チーム内での相互関係はうまく機能せず、プレイにも大きく影響を与える。勝っているチームでさえ、コミュニケーションがうまく機能しないために、致命的な結果になってしまうことがある。

そのため、効果的なコミュニケーションが生み出されるに伴って、相互関係に関わるトラブルなどは避けられ、コートでのパフォーマンスが向上することも不思議なことではないのである。

(1) コミュニケーションにおける3つの柱

コミュニケーションにおいて伝えること、聞くこと、非言語的コミュニケーションは3本の柱とされている。この3つをうまく活用できるコーチは選手と効果的にコミュニケーションをとることが可能となる。

① 伝えること

ⅰ) ピンクの象

コミュニケーションをポジティブで機能的に行うことは、チームにとって有益なことである。同じような教示であっても、ポジティブであるかネガティブであるかによって大きく変わってくる。ネガティブな教示の持つ問題を示すよくある例としては「ピンクの象のことを考えるな」というものがある。考えるなと言われたとしても、もちろん誰もが不自然なピンクの象を想像してしまう（図4-2）。そのため「平静さを失

図4-2　ピンクの象

うな」などの教示より、「大丈夫だ」や「そのままで」などの教示のほうが有効である。同様に、「ボールを渡すな」などの過度に単純でネガティブな教示をするのではなく、どのようにするか具体的なメッセージを選手に伝えるべきだ。シーズン中などであっても、必ずしもネガティブなことがないわけではないが、チームが効果的なリーダーシップとコミュニケーションによって、ネガティブな状況が有利になるように反応することが大事である。

ⅱ) サンドイッチアプローチ

多くの選手は、ポジティブなメッセージは受け入れやすいが批判的なメッセージには抵抗があり、賞賛は受け入れやすいが批判は受け入れにくいという傾向がある。より容易に受け止めることができるように批判を伝えるためには、コーチは個人的な欠点ではなく、問題となっている行動を明確にしなければならない。

批判を受け入れやすくするために、"サンドイッチ"と言ったテクニックが使われることがある。この方法は、まずポジティブな話から始め、その後に批判をし、それからその批判の後にまたポジティブなことを伝えるといったものである。つまりサンドイッチとは、"ポジティブ－批判－ポジティブ"の3層のアプローチのことなのであり、ジョン・ウッデンは、大切な指導テクニックとして用いた（図4－3）。

このアプローチは、どんな指導場面でも使うことができ、ポジティブなメッセージをも伝えることによって、批判を受け入れやすくするのだ。

"新しいタイプ"のコミュニケーションを活用することもできる。科学技術の進歩によって携帯メールという新しいコミュニケーション手段が生み出された。便利であるためほとんどの選手に普及しているので、話しすぎて選手をうんざりさせてしまわ

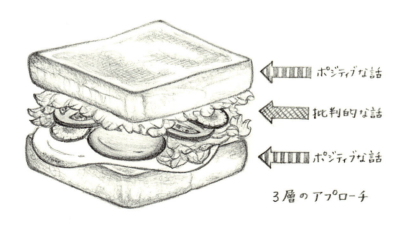

図4－3　サンドイッチアプローチ

ないようにするためにも、早くて簡単なメールでのメッセージを活用することは、良いコミュニケーションを保つことに役立つはずだ。

iii）自己成就的予言

　自己成就的予言とは選手に具体的な期待を作り上げ期待を満たすために選手が行動することである。

　コーチが選手に対して期待しているということを伝えてあげることで選手が期待に応えようと行動してくれる。このメカニズムを自己成就的予言と言いコーチはしっかりと選手に期待していることを伝えてあげる必要がある。自己成就的予言は、意識的または無意識的に与えられた予言に沿うような行動をとった結果、予言が実現すると言ってもよい。

② 聞くこと

　聞くことは簡単なことように思えるが実はとても難しいことである。研究者によれば訓練されていない聞き手は全体の20％しか聞けていないと評価しており、ときにコーチは聞くのが下手な者とされ非難されがちである。主な理由としてコーチは命令することに忙しく他の人に話をさせる機会を決して与えないこと、コーチは選手が言わんとすることを全て分かっていると勘違いしており「選手は見てもらうべき存在であり、聞いてもらうべき存在ではない」と思い込んでいるからである。これは間違った

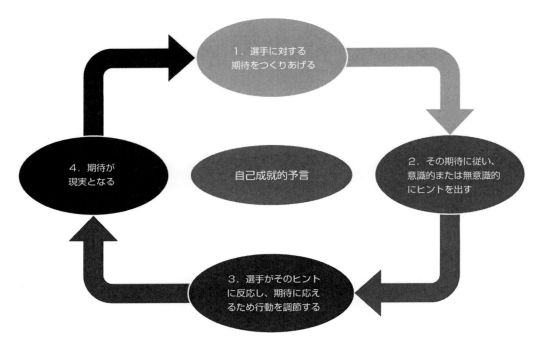

図4－4　どのようにして自己成就的予言が成立するか

考えであり選手の話にしっかりと耳を傾けることで選手の不安や喜びを理解することができ選手との人間関係を手助けしてくれる。

i) 受動的傾聴と積極的傾聴

受動的傾聴とはリスニングの典型的な形として捉えられているもので相手が話している時に静かにしている聞き方である。この方法は場合によっては望ましい聞き方と言えるが本当に理解しているかは話し手には伝わりづらく、ただ聞いている状態として捉えられる。このような状態では共感や温かさは伝わらない。積極的傾聴とは選手の言うことを理解していると示すことで選手との相互作用を伴う。選手の感じ方を受け入れ理解し手助けしたいという思いを伝えて有効に作用する。積極的傾聴はコーチが選手の考えや感情を感じとり敬意を払うことで選手自身もコーチの言うことを快く聞くようになるのだ。

コーチたる者は常に積極的傾聴で選手の声に耳を傾ける必要がある。

ii) リスニングスキルの上達

リスニングスキルを高めるためには
- 話しかけてくる人に対して聞くことに関心を抱き理解しようとしていることを示す
- 誰かが話しかけてきたならば何が言いたいのか内容だけでなく、背後の感情も理解しているか言葉を言い換えてチェックしてみる。
- 話しかけてきた人が何を言いたかったのか、関心を抱き敬意を払っていることを示し同情ではなく共感を示す

③ 非言語コミュニケーションと感情

非言語コミュニケーションは、何かを言うことと同じくらい大切である。最も一般的な非言語コミュニケーションはアイコンタクトであり、アイコンタクトは礼儀正しいことや敬意を払っているということなどを示し、コーチは、アイコンタクトを強調することによって、選手が確実に話を聞くようにさせるべきである。

イライラして足を踏み鳴らしたり嫌な顔をしたりするなどのネガティブな非言語行動は、チーム内のすべてにネガティブに影響するため、コーチも選手も避けるべきである。反対に常にチームのサポートをしたり、まずいプレイに対して意識的に和らげるように反応したりすることは、望ましい行動である。

優れた選手は精神的・身体的タフさを備えているため、コートやフィールド上で疲れや痛みを見せない。もちろん、試合でかなり怒りっぽくて断固とした態度の人もいるが、優れた選手やコーチは感情的な態度を避けている。

何かネガティブなことが起きたとき、すぐにネガティブな反応をしたいかもしれな

いが、くよくよ考える時間もメリットもないことを理解し、ただ動き続けることが、良い選手やコーチの大きな条件なのである。

（2）コーチと選手のコミュニケーション

　個々の選手やチームとコーチングスタッフとのコミュニケーションに関わる要素はあまりにも多く複雑なので、それだけで分厚い本一冊を埋めてしまうだろう。

　コーチの言うことを選手がどう理解するかによって、チームがどのようにプレイするか大きく変わってくる。そして、コーチが選手にどれだけの熱意を持って指導しているかによって、選手とコーチの関係の質の大部分が変わる。経験の浅いコーチより経験が豊富で実績のあるコーチの方が、情報を発信する際に受け手（選手）からより良い反応が得られる、つまり信頼されやすいのである。信頼のあるコーチが指示すると、すべての選手がその指示に集中し、同じ目的に向かって同じ計画に従うことになり、チームとしてしっかりまとまるのである。よってコーチにとって大切な目標は、受け手から良い反応を得るために信頼を高めることである。そのためには、もちろん勝ち方に関する豊富な知識を持って示すことも大事であるが、常によく知っているように選手に見せていなければならない。また、すべてのコミュニケーションにおいて明確で具体的にすることがコーチングにおいて非常に重要であり、その際のメッセージはシンプルで、一貫していて、深く意味のあるテーマを持つべきである。

反応カテゴリー	行動内容
クラスⅠ：反応性の行動	
望ましいパフォーマンスに対する反応	
強化	よいプレイや努力に対する正の報酬をもたらす（言語的あるいは非言語的）反応。
非強化	よいパフォーマンスに対して非反応。
ミスに対する反応	
ミスに随伴する励まし	ミスの後、選手に与えられる励まし。
ミスに随伴する技術的教示	ミスの修正方法についての教示。
罰	ミスの後の、言語的あるいは非言語的なネガティブな反応。
懲罰的な技術的教示	ミスの後に、懲罰的、あるいは敵対的な方法で与えられる技術的教示。
ミスの無視	選手のミスへの非反応。
不適切な行動に対する反応	
統制の維持	チームメンバー間の秩序を元に戻す、あるいは維持することを意図した反応。
クラスⅡ：自然に（自動的に）起こる行動	
試合に関連したこと	
一般的な技術的教示	（失敗の後ではない）そのスポーツの技術や戦術上の自然に示される教示。
一般的な励まし	（失敗の後ではない）自然に示される励まし。
組織	義務、責任、ポジションなどを与えることでプレイの場を設定する管理的な行動。
試合以外のこと	
一般的コミュニケーション	試合とは無関係の選手との相互関係。

(Small, F.L. & Smith, R.E. 1984)

図4－5　コーチ行動評価システムの反応カテゴリー
[出典：ジョン・ジアニーニ／石村宇佐一他訳（2012）バスケットボールの"コートセンス"、大修館書店、p214]

第4章　コーチと選手のメンタルトレーニング

　また影響力を賢明に用いることも必要である。影響力というのは使えば使うほど減っていき、あるポイントを過ぎると聞き手は集中力を失い、メッセージを受け取れなくなるので、コミュニケーションは非効率的になる。効果的なコミュニケーションを回復させ向上させるには、変化が必要となってくる。そのため、コーチは常に新鮮で適切なメッセージを与えられるよう努力し、ポイントを絞って説明すべきである。影響力を不必要に用いるのではなく、必要な時と場合にのみ用いることが重要といえる。

　時には選手を褒めるだけでなく、批判や罰を与えることによって問題行動をわからせ、それをポジティブに変化させることも大事である。批判的なメッセージを十分に受け取らせるには、コーチの批判は自分やチームのためを思ってのものなのだということを選手が自覚しなくてはならない。

　コミュニケーションをとるときに、コーチは選手と常にアイコンタクトをとるべきである。就職面接をしているときから家族との交流に至るまで、アイコンタクトはすべてに影響する重要なライフスキルであり、選手とコーチ間のメッセージの理解を確実に促進する。アイコンタクトができないことは自信がないような印象を与えるため、チームに話しかけるときにはコーチは目を泳がせるべきではない。

　コーチングにおいて、すべてのコミュニケーションでメッセージが具体的で明確であることは重要なことであり、メッセージはシンプルで一貫していて、深く意味のあるテーマを持つべきである。

（3）選手同士のコミュニケーション

　選手間の機能的な関係は、チームスポーツで成功するための必須条件である。コーチがよく言う「話せ！」という言葉はこれを意味している。コート、フィールド上でもっと言葉のコミュニケーションをとるように促しているのだ。

　チームメイトに感謝やサポートの気持ちを伝えることは、自己中心的でないチームプレイを作り上げるためにとても重要である。試合の中で、選手が互いに感謝の気持ちを伝えあう方法を教えることで信頼されているコーチもいる。お互いがお互いをたたえ合ったり、感謝し合ったりすることで良いチームメイトになることができる。

　選手はまた、チームメイトと関わるときに、ボディーランゲージや声のトーンによって示される自分の気分に気づくべきである。「気分屋はチームメイトを悪くする」という格言があるように、不快なムードの人と一緒にいたいとは思わないので、常にポジティブであることを目指すべきだ。気分屋の選手を抱えるコーチのすべきことは、まずその選手を認めているということを示し、そして誰もがいかに困難さを抱えているかについて教え、困難に対してポジティブに取り組むように励ますことであり、これは気分屋にありがちな自分への哀れみを減らすのにも役立つ。もちろん、その気分屋にはるかに大きな困難を抱える人の例を示すことは、気分屋の状況により良い展望

109

を抱かせることもできる。不快なムードをかもし出す選手をけなすのではなく、この教育的プロセスを通して選手を教育すべきなのだ。

　シンプルな礼儀作法を奨励することで、コーチはコートの内外でポジティブなコミュニケーションを教えることができる。

　選手間のコミュニケーションは、相手チームの選手との間でも生じる。相手とのコミュニケーションがチームの役に立つことはほとんどない。したがって特に野次をとばすことについては極力避けるべきである。なぜなら野次によってファウルや反則をとられることは多々あり、野次という試合に不必要な行為によって、自分のチームが不利になる場合があるからである。そのため野次や悪口は然るべきところに置いておくべきだ。野次などとばさずとも、コートやフィールド上などで有益なやりとりをしていくためにすべきことはいくらでもある。

（4）選手とコーチのコミュニケーション

　もしコーチに、思いやり、正直さ、知識などを伝える義務があるとするなら、同じように選手はコーチに対して、忠誠心、自己中心的でないこと、正直さなどを伝えなければならない。その逆の不誠実なことなどは多くのチームを害し、これらの資質の大切さに気づいていない多くの若い選手のキャリアを台無しにしている。

　ネガティブな行動、言動はチームに利益をもたらす可能性はほとんどなく、ポジティブな行動、言動こそ、チームに利益をもたらす可能性を秘めている。

　そして選手の正直さが、コミュニケーション、そして選手とコーチの関係を強める。コート内外でミスを認めることが信頼と尊重を促進する。筋が通っていて難しい質問をコーチにぶつける勇気を持つことで、さらに尊敬は促進される。

（5）コーチングスタッフ間の相互関係

　コーチングスタッフ間でコミュニケーションが効果的であるためには、選手に対するときと同じように、純粋で、思いやる関係に基づくべきである。ヘッドコーチは選手の育成のみならず、アシスタントコーチのキャリアを積むことにも役立ち、自分のスタッフから忠誠心を得ることに誇りを持つべきである。

　そしてアシスタントコーチの仕事は、ヘッドコーチが望むようなチームへの手伝いをすることなので、アシスタントコーチはすべての領域において、ヘッドコーチがしたいことを理解しようと努めるべきである。

　ヘッドコーチはアシスタントコーチに様々なことを通して学ばせ、自信をつけさせることによってやる気を引き出し、好きなようにやらせてみたりすることによって、選手に対して一貫性のあるメッセージを伝えるような、まとまりのあるスタッフを生み出すことができる。

（6）チーム外の人とのコミュニケーション

　チーム内でのコミュニケーションに加えて、チームは競技役員や学校関係者とコミュニケーションをとる必要があるだろう。

４）チームとしてのまとまり（Cohesion）

　前章で述べたコミュニケーションの技術や方法は、個人やグループが相互に関係する道具である。これまで見てきたように、コミュニケーションによって作られた弱い結びつきは、どのようなメッセージが送られ、受け取られ、どのように解釈されるか、その些細な行き違いによって、引き裂かれることがある。

　一度くらいの行き違いなら関係を維持できるような強い結びつきが、チームのメンバーやコーチングスタッフの間に築かれていなければならない。

　その結びつきは、専門的には「凝集性」と呼ばれるが、これはチーム内の個人にお互いが敬意を表すことと、チームが掲げるコンセプトを真に求めることで築かれる。チームとは、共有する目標と価値観をもった２人以上の個人である。幅広いバックグラウンドと性格は不協和音を生み出すこともあり、今どきの「自分が一番」という文化は、「チームのためなら自分の事は後にする」という姿勢に水を差すことがある。

（1）忠誠の誓い

　シーズン初めや途中のキー（鍵）となる時期には、コーチングスタッフはチームメンバーに「チーム対して献身的であること」を表明するように促すべきである。これはリーダーが出現しやすいときであり、サブグループに強力なリーダーがいれば、各チームメンバーが同じ価値観を受け入れる機会を大きく増やすことになる。

　真に１つにまとまったチームの基盤となる共通の目標と価値観が、勝つことだけに焦点を合わせているわけではない。しかし、このようなチームの団結は、チームが成し遂げる事を最大にしていることも真実である。チームメンバーがまとまるように、誠実に誓いの言葉を口にすることは、チームにとって最も大切なことがお互いの選手に対する深い思いやりであることを効果的に思い出させるものとなる。コーチングスタッフやチームのリーダーは、これを行うための最適なタイミングと方法を選ぶべきである。

①　ミーティングの実施

　ミーティングは準備するにも行うにも時間がかかる。ミーティングに費やす時間をコンディショニングや練習、戦術確認に使いたいと思うコーチもいるだろう。しかしよく練り上げられたチームミーティングはチームに一体感を生む。選手を良い選手にするにも良い人間に育てるにも大切な手段である。ミーティングを開く際は以下の５

つに留意して行うとよい。

- ミーティングは選手を高めるためにある。話題としてはスポーツ栄養学の知見、ドーピングの基礎知識、サプリメントに関する事実、筋力トレーニングの方法、試合前の心構えなどの話題が有効である。
- ミーティングは選手の人格を育てる絶好の機会である。チームミーティングは練習の思いがけない出来事やスポーツマンシップについて話し合う良い機会である。
- ルール違反などを決める
- 問題解決に有効。チーム練習がマンネリズムに直面した時、選手との建設的会話によって理由が見つかるかもしれない。チーム全体が壁にぶつかっているならば、その理由と有効な解決方法をチーム全体で探す機会である。
- 互いに褒め合い、感謝の意を伝えるなど選手に心地よさを感じさせる。コーチが良いプレーを認めることをチーム全体に示すことで後々良い結果につながる。

（2）課題凝集性

　日常生活上で、チームメンバーがお互いに仲が良いということは望ましいことである。しかし日常生活では親しくしていないのにコート上ではうまく機能し、競技しているチームの例はいくらでもあげることができる。親友かどうかにかかわらず、コートの中では融合と連携感を証明できるのである。これは「課題凝集性」」と呼ばれる。そしてチームの課題凝集性のレベルを最もよく反映する2つの側面は、オフェンスとディフェンスだ。

　オフェンスの課題凝集性には、ボール保持者以外の動きと結びついた自己中心的ではない、うまい攻撃が必要である。チームメイトが喜んでボールをシェアし合おうとしなければ、どんなオフェンスシステムでもうまく機能しないだろう。

　ディフェンスの凝集性は、オープンなチームメイトにパスをするということは、オフェンスの凝集性においてどのチームにも共通した側面である。いくつかの一般的な概念が、凝集性のあるチームを定義するために用いられることがある。1つ目は、オフェンスのボールが動くときはいつでも、ディフェンスは適切なポジションに向かってボールとともに動くということ。2つ目は、適切なディフェンスポジションでいる第一の目的が、ヘルプに備えられるようにするということ。3つ目は、ヘルプのときはいつでも、他の選手はヘルプした選手をカバーするためにローテーションし、一番遠い位置のオフェンスだけをオープンにするということである。4つ目は、チームは素早くリカバーしなければならないということ。優れたディフェンスはオフェンスの攻撃を手をこまねいてみているのではなく、オフェンスを攻撃するまとまりと素早さがあり、それはうまく機能しているチームワークを反映している。その結果は、得点

第4章　コーチと選手のメンタルトレーニング

するためのショットクロックをギリギリまで使わせ、いつものプレイをさせない、あるいは難しいプレイをさせるようにオフェンスにプレッシャーを与える。たとえそれが起こっても、ディフェンスは力を結集して仕事をなしとげたことになるのだ。

（3）社会的凝集性

　成功しているチームは、コート上でまとまり、自己中心的ではなく動く。しかし、この共有することと自己中心的でないことは、チームのメンバーがお互いに相手に好意をもち、思いやるときに容易に生じる。この繋がりは、一生続くことがある。

　思いやるような関係を築くためのたった１つの、あるいは簡単な方法というものはない。しかし選手は、相手を思いやることが出来る前に、まずお互いを知らなければならない。そして時には、選手の経歴や性格によって、ある選手が他のチームメイトと知り合いになること、あるいは思いやることに抵抗するかもしれない。チームメイトを思いやることが出来る前に、お互いをよく知らなければならない。そして選手が本当にお互いの事を知り始めると、お互いを好きになり、思うやり、犠牲になるプロセスがごく自然に起こる。ちょっとした励ましがいつでも役に立つのだ。

・チームへの敬意

　チームが緊密に結びつく前に、チームメンバーは自分がチームの一員であることに価値を見出さなくてはならない。決して簡単なことではないが、これができれば、楽しさや生産性が高まる。もっと大切なことは、生涯にわたる友情と思い出が生まれることだ。

5）統率力（リードする力）を高める（Capacity to Lead）

　競技の勝敗は予測できないが、２つの成果はレブロン・ジェームズ（バスケット）のスラムダンクシュートのように確かである。１つ目は、チャンピオンシップで優勝し、弁が立つコーチは、リーダーシップのエキスパートとして祝勝会でスピーチすることをすぐに求められるだろうということ。２つ目は、タイトルを獲得したチームのトップスコアラーは、つまり「顔」である選手は、ファンやメディアから勝者でありリーダーであるとみなされるということ。この様なシナリオはどこででも起こりうる。実際には、リーダーシップを示すことは、単に素晴らしいシーズンを送ること以上のことである。真のリーダーシップは、その人自身の中に存在する特性を日々示すことから生まれるものであり、一時的なスター気取りや優勝記念の指輪から生まれるものではない。リーダーは必ずしも大きなカリスマ性やテレビ映りの良さによって決まるものではない。彼らは必ずしもトロフィーがあることを主張しているわけではない。個人的経験やスポーツ内外での優れたリーダーについての学習によって身につけた信

念と優先すべき事柄を明確にしていた。選手やコーチは知識、個人の責任の重視、そしてチームのために自分を犠牲にする精神を強調することから恩恵を被った。

（1）チーム文化への影響
　真のリーダーは、チームに深く影響を与える。周りの人々の能力を引きあげる。優れたリーダーはチームの文化を変える。選手やコーチングスタッフの日々の習慣や行動に表れるチームの勝ちとして述べられる。優れたリーダーは、チームの雰囲気をポジティブにすることでチームをより良くする。そして、それは日々の練習態度、選手の意思決定や行動に影響を与える。集団が同じアプローチを有する個人で構成されることが、最もその集団のためになることだと信じていたからである。そのアプローチとは次の５つの原則に基づいている。
・　勤勉さ
・　熱意
・　コンディショニング
・　ファンダメンタル
・　チームスピリット

①　選手への動機づけ
　チームをまとめるためには選手のモチベーションを高める必要がある。モチベーションの低い選手をまとめることは容易ではなく、その反対にモチベーションの高い選手たちは自主性を保ち自らチームとしてのまとまりを意識した行動をとるであろう。コーチはどのように選手のモチベーションを向上していくべきかをここで紹介したい。

②　勝利することは重要なことではない
　コーチとして選手のモチベーションを高めるために最も大切なことは成功の判断基準を変えることである。勝利は重要ではあるが自分の目標を達成するために一番大切なことではない。このことはスポーツのモチベーションを理解するうえで重要な原則となる。
　成功とは他の選手よりも良いパフォーマンスをすることよりも自分自身の目標を達成することである。選手個人の目標とは具体的なパフォーマンスや行動に対する道標となることであり勝敗などの結果に関わることではない。

③　現実的な個人の目標を設定する。
　現実的な目標を立てることにより選手はある程度の成功を期待することができるようになる。競うプレッシャーや両親やチームメイトの影響に関わらず選手自身が現実

第4章　コーチと選手のメンタルトレーニング

を見極め自分にあった目標を設定できるよう手助けすべきである。

　この際、注意しなければならないのがチーム全体の目標と個人の目標を混同させないことである。個人の目標にいくつもの試合で勝利すること、いくつもの試合で優勝することなどといったチームの目標は役には立たず個人の目標の妨げとなる。

④　個人の目標設定の影響

　コーチのガイドにより個人の目標を設定し現実的であるか確認をすると選手は自分自身の上達に関して責任をもつようになり、選手は他人ではなく自分自身に支配力があると感じるようになる。成功は自分の手柄となり失敗は自分で責任をとるようになる。

⑤　選手の限界を認識する

　コーチの難しい義務として選手のパフォーマンスが彼らの限界であるかどうか見極める必要がある。

　コーチが選手に限界がないと信じさせたり、限界を受け入れさせたりするのはよくないと事としたとき選手は非現実的な目標を探ってしまう。

⑥　現実的な目標

　コーチが現実的な目標の設定を手助けすると選手は必然的に成功をより多く経験し能力がもっとあると感じる。能力があると感じることで自信を高め失敗を恐れることなく適度な難易度のスキルに挑戦することができる。

（2）コーチのリーダーシップ

　高校以上のレベルでは、ほとんどすべてのコーチが勝つことのプレッシャーのもとにある。コーチは勝つことへの切迫感を持つようになる。そうするとコーチは何をするか？チームが勝つチャンスを高めるため、ベストな選手だけを起用する。これはそれ自身が必ずしもマイナスになるというわけではない。しかし、もしチーム文化として努力や規律が望ましいレベルに達していないなら、スターターの選手は自己満足し、怠けるようになりがちであり、やがて実力以下の成績を残すことになるだろう。また、リザーブの選手はやる気を失い、ネガティブで、無気力になるかもしれない。

（3）その他のコーチのリーダーシップ特性

　優れたコミュニケータになるため、ひいては良いリーダーになるためには、コーチは知識が豊富でしっかりした考えを持っていなければならない。しかし、ほとんどのコーチは試合の各局面と全局面に精通しているわけではない。

115

カギとなる行動は、「ミスに付随する指示」であった。これは、ミスを改善するために、コーチが選手にポジションなど技術上の指示を与えることである。

(4) 選手のリーダーシップ

高校や大学のスポーツ選手の何パーセントが、自分をチームリーダーであると思っているだろうか？たぶん、コーチやファンが考えているより、かなり高い割合になるに違いない。多くの選手が、その称号が与えられたアスリートに対して他者が抱くポジティブな見方ゆえにチームのリーダーになりたいと思う。しかしリーダーというラベルは、それに値するものに与えられるものであり、人気投票で勝ち取ったり、望んだりされるものではない。ポジティブなチーム文化のように、リーダーシップ行動というものは日々育てられ、養われるものに違いない。リーダーにとっては、チームが第一である。個人的な賞賛は優先事項ではない。リーダーは自分自身だけではなく、チームメイトの事を考える。

(5) キャプテンのリーダーシップ

すべてのスポーツにおいて、キャプテンという称号は特別な意味をもつ。公式にも、押しも押されぬチームのリーダーだ。そして、強いチームが強いキャプテンとリーダーを持つことは偶然ではない。さらに、どんなチームにとってもカギになるのは、最も才能のある選手である。

6) 競技力を高める（Competitiveness）

競技における特別な勝者は、その競技の中で成長する。彼らは対戦相手より良いプレイをし、より深く考え、相手をしのぐ機会を楽しむ。そしてチャンピオンになるために必要なことは何でもする。これらの選手を調べることによって、トップ選手の顕著な資質について多くを学ぶことができる。

(1) 指導の計画を立てることの重要性

"計画に失敗することは失敗を計画することだ"という格言を聞いたことがあるだろう。どのような競技レベルの選手たちを指導しているのかということや競技に関する知識や指導年数に関わらず指導計画を立てることにより大きな利益を得ることが可能となる。

(2) 計画の利点

計画は成功へと導く確かな手引きであり、選手たちが学ぶ必要のあるものを効率よく指導することが可能となる。計画はチームの進むべきみちを保ち重要なものを選別

する手助けをしてくれる。それはまた多くのシーズンを経験することでさらに効果を生む。なぜなら計画は過去のシーズンの評価や次のシーズンに向けたよりよい計画へと発展させる枠組みだからである。

(3) 効果的な計画の5ステップ

効果的な計画の5ステップとして1状況分析2選手を知る3優先順位の設定4指導方法の選択5練習の計画があげられる。これらのステップを完全に成し遂げるにはかなりの量の仕事となるコーチは各々の練習計画を発展させながら定期的にシーズン計画との関係を考慮しなければならない。

計画は固定されるものではなくシーズン中の進み具合や選手たちの習熟度、施設、天候、障害などに応じて柔軟に対応しなければならない。このことは大前提として効果的な計画の5ステップを紹介する。

ステップ1　状況を分析する

よりよい計画を準備する際、状況にあった特定の情報を集める必要がある。基本的に「昨シーズンの振り返り」「何が利用できるか」「どのような限界があるか」を評価する必要がある。

ステップ2　選手を知る（スキルの特定）

選手に必要なスキルとして、技術的スキル、戦術的スキル、身体的技能、メンタルスキル、コミュニケーションスキルがありこれらをバランスよく育てるため選手に何が足りないのかを考える必要がある。さらに何を指導するかを計画する際は選手の現在の知識、選手が何を学べるかを考慮する必要がある。

ステップ3　優先順位を設定

与えられた条件下でどのようなスキルを指導し、どのように練習するかについての明確な優先順位を設定する。

ステップ4　指導方法の選択

各スキルの学習効果を最大限に得るためにはどのような指導方法や練習方法は最適かを考える。

図4-6　効果的な計画の5ステップ

ステップ5　練習の計画

　指導方法や練習方法が決まりシーズンにむけて何をすべきか決定したらシーズン計画と具体的な毎日の練習内容を決める。

（4）練習の工夫

伝統的練習方法・ゲーム形式の練習方法

伝統的練習法（直接的練習法）コーチ中心

　伝統的練習法はコーチが練習の初期に新しい技術を教え、その後、一連のドリルを通じてその技術を反復することで選手にフィードバックをもたらす。コーチは練習試合や紅白試合で実際に教えることはほとんどない。この方法は技術的スキルの指導には効果的かもしれないが試合で必要な戦術スキルや意思決定は磨かれず実際の試合のなかで適応できるか危うい所がある。さらに徹底的な反復練習により選手は退屈を覚えてしまう可能性がある。

（5）ゲーム形式の練習方法（間接的練習法）選手中心

　ゲーム形式の練習法は試合とは何であるかを理解する手助けすることに焦点をおき試合の方法を学ぶ手助けをする全体論的な練習法である。この練習法では選手自らが経験し試合で何をすべきか発見することができる。しかしながら全面的にゲーム形式の練習法による指導を行った時でも伝統的な練習法は必要となる。伝統的練習法とゲーム形式の練習法は何を達成したいかによってバランスをとる必要がある。

（6）ランダム練習・ブロック練習

　野球のバッティングを例にしてオプションAは15球の直球、15球のカーブ、15球のチェンジアップを打つ。

　オプションBはピッチャーがランダムに3種類の球種を投げる。オプションAはブロック練習といいオプションBはランダム練習という。ランダム練習では球種の見極めを学ぶことができ、どの球を打つか決断することが含まれる。このような実験を行ったところランダム練習はブロック練習よりも優れているという結果となった。最初はランダム練習よりもブロック練習の方が優れていたが回数を重ねることでランダム練習の方が優れた成績を残すようになった。これはランダム練習では多くの学ぶべきことがあり習得するのに時間を要するが試合で必要となることを学ぶ機会であるため最終的には高いレベルのパフォーマンスを習得することができるからである。これを文脈干渉効果ともいう。

第4章　コーチと選手のメンタルトレーニング

（7）全習法・分習法

　練習における全習法は明解である。全体の技術が完全な形で練習される。分習法は実際には全体から部分、そして全体という流れとなる。コーチはまず概略を全集法で示し、練習は部分的に行う。そして練習を通して部分練習をつないで全体に戻す。どの方法を用いるのが最良なのか？もし可能ならば部分練習をつないで全集法にするための時間を浪費することを避けるため、また選手がその技術を試合の中でどのように使えばよいかを学ぶ手助けをするため、全集法の練習が最良となる。しかしその技術が選手自身イメージを構築しにくい場合、コーチはその技術を分習法で学習するための部分に分割して指導すべきである。

（8）競技場面（舞台）を設定する

①　練習を尊重する

　優れた競技者は、日々の練習において自分の優越性を証明したいのである。また、試合が行われる夜に、勝つために必要な適切なレベルの頑張りとプレイ内容を保てるように準備しておきたいのである。練習とは勝つための準備なのだ。

　練習の大切さを尊重するため、コーチはノースウエスタン大学のフットボールチームで用いられた戦略を参考にするとよい。まず練習には次の2つの目標があることをチームに認識させることから始まる。その2つとは①これから対戦する相手より多く練習すること②ポジションが同じチームメイトよりも多く練習すること、である。

　また、競技的なプライドを構築するために、コーチのトム・クーパーが考案した競技モチベーションシステムという方法がある。

　これは各練習で勝者、敗者を明確にし、練習することによって身体的スキルだけでなく、他の選手よりも努力することを学ぶシステムである。このシステムは一人の選手あるいはグループが競争相手と比較してどのようであるかを常にフィードバックする。それは、どのようにすれば激しく戦えるか、どうすれば負けを上手く乗りこえられるかに関する知識を身につけるのに役立つ。負けた後に、なぜ負けたのかを分析しなければならない。したがって彼らはミスから学び、自分の感情をコントロールし集中し続けることを学ぶ。コーチは競技的な練習を通して競技的な気持ちを教える。ここで注意を1つ。競技的な状況を強調することは、若い選手にとって過剰なストレスになることがある。バーンアウトやフラストレーションを避けるため、勝ち負けがはっきりする状況は最小限にする必要がある。しかし勝ち負けをはっきりさせることは、競技的なプライドやエリートになりたいという高いモチベーションを持った選手には、勝つことについての必要な教訓を教えるのに役立つ。

② 試合を尊重する

　優れた競技者にとってすべての試合はビッグゲーム（大試合）なのである。どの試合も自分の優越性を証明するチャンスなのだ。このような選手は常にベストでいたいと思い、すべての試合で努力と実力を発揮して勝利を追い求める。どんな試合でも同じ緊張感で追い求めるべきである。コーチは試合への尊重を教えるために簡単なアイディアを用いることができる。それはチームの勝利数を数えることである。試合シーズンの開幕前はまず、１つ勝ちをとることを話し合う。最初の勝利をおさめたら、次は２つ目の勝利を勝ち取ることを話し合う。という風にシーズンを通してやっていくのである。選手は勝つこと、自分たちの記録、他の選手との比較に誇りを持つことになる。

（9）競技的なタフさを養う

　高い競技力を持つ選手は、勝つために必要なことは何でもする。エリートレベルでは、けがをしていても、病気でもプレイする。自分やチームに必要なことを本当に何でもできる、信じられないほど才能豊かな選手をコーチたちは「完璧」と呼ぶ。こういった選手は目標設定や練習の習慣を通して成長していく。

　競技力は完璧な試合をしたいと願うモチベーションと深く関係する。繰り返しになるが必要なことを何でもするという態度が完璧な選手になるために必要である。多くの戦いの勝敗は、最初の戦いの前に相手より準備ができているかどうかで決まる。試合でも試合への準備でも、自ら進んで必要なことは何でもしなければならない。競技力の低い選手は練習意欲が低く、準備不足で自己中心的なプレイが多く、チームや自分が勝つために必要なことはしないのである。

（10）メンタルタフネスとミス
① 競技上のフラストレーションの克服

　ある選手はミスの責任を受け入れず、そこから学ぼうとしない。そのような選手は決して向上しない。一方の選手はすべてのミスを深刻に受けとめすぎ、それによって打ちのめされてしまう。彼らはうまくプレイしたいと死に物狂いで思っている、モチベーションの高い選手である。ミスの後、自分を罵ったりひとりごとを言ったりする。彼らがフラストレーション（イライラ）を外に出さないなら、そのフラストレーションを内向させるかもしれない。これが「ビビり」の始まりである。

　「ビビり」につながるフラストレーションは、１つのプロセスである。まず、マイナス思考から始まり、それが緊張と注意散漫を生み出す。感情的になるにつれ、注意の焦点が狭くなる。

　ミスに対処する方法として「認知的再構成」というものがある。これはフラストレ

第4章　コーチと選手のメンタルトレーニング

ーションを生み出しビビリへとつながるマイナス思考を変えていくプロセスである。ミスをしてマイナス思考が生まれたときに「学んで、忘れよう」、「次のプレイに集中」など、より適切な思考を生み出しプラス思考に変えていくのである。マイナス思考を簡単なプラス思考に置き換えることで「ビビリ」につながるプロセスを止めることができる。

② 失敗恐怖を取り除くこと

　人生において少しの恐怖を味わうことは悪いことではない。恐怖は通常、車のスピードを落としたりテストでカンニングするのをやめさせる。この恐怖は、人々が判断を誤るのを防ぐ。競技においての少しの恐怖も良いことである。試合に負けるかもしれないという恐怖は現実的なものであり、そういう気持ちが練習にさらに熱心に取り組ませる。しかし、過剰に恐れること、あるいはうまくいかないかもしれないことに意識を向けすぎるのはマイナスである。失敗恐怖はうまくプレイしようとする選手に有害になることがある。高いモチベーションによって失敗恐怖はもたらされるのである。選手は必死でうまくプレイしようとするが、ネガティブな方に意識が集中してしまう。攻撃的なプレイにつながる成功願望に集中するのではなく、失敗を避けようとするのである。失敗恐怖を軽減するためには自信の構築などの方法がある。

③ 自信の構築

　より大きな自信は失敗恐怖を減らす。自信を構築するための有益な方法は、どのようにプレイするつもりかを選手が具体的に紙に書くことである。その言葉はポジティブで攻撃的であるべきで、自分が集中すべき具体的な役割を書く。この言葉は選手の意識を成功の方へ向け、失敗の方向へ向けないようにするための助けとなるだろう。

　しかし、自信を高め、失敗恐怖を減らすための最もよい方法は、実力を向上させてまずいプレイをなくすことである。たとえばもし試合中にシュートのミスがあれば、翌日の技術練習でシュートを繰り返し練習する必要がある。問題がどんな領域であろうと、選手はパフォーマンスが高いレベルになるまで集中して取り組むべきである。パフォーマンスや能力が高まれば、失敗恐怖や失敗は減るに違いない。

ワークシート 23　自分をタフにするためのメンタルトレーニング（記入例）

プログラム作成シート〜5ステップドリル〜

1	目標設定	今、ハンマー投げのベスト記録が44m10なので、今年中にはベストを更新する。 来年度は50m以上投げて、全カレでしっかり戦えるレベルに持っていく。 自信をつける。
2	リラクセーション	呼吸法は試合で積極的に使うことができた。緊張やイライラを吐く息と一緒に体の外に出せた。これは自然と高校時もしていた。瞑想法は昔、目をつぶっていると逆に周囲を意識しすぎて、相手の目線が気になってしまっていたが、ありのままを受け入れて、すべての音を聞き流すという方法で、集中の仕方がわかった気がする。今は取り入れている。
3	集中力トレーニング	ヤントラではすごく集中できた。一点を見つめていると、スーっと自分のゾーンに入っていき、すべてが研ぎ澄まされた感じがした。しかし、グリッドエクササイズでその集中を活かすことができなかった。周囲から気になる言葉が聞こえると、数字が見当たらなくなり、冷静さに欠けた。どんな状態でも落ち着いて、また集中しなければいけないと思った。
4	イメージトレーニング	一番良かった試合を思い出すと、今とはやる気とか、陸上に対する熱意や充実感が違っていることに気がついた。あの「やってやる！」っていう気持ちはどこ行ったんかな。その良かった試合の時のようなテンションでいたら今年の春はもっと記録がよかったのかもしれない。まだシーズンは終わっていないので、気持ちを入れ替えて、常に良いフォームをイメージしながら、テンションも上げていきたい。
5	セルフトーク	私に足りないものをたくさん言われたりするが、足りなかったら、自分に足していけばいい。コツなんてすぐつかめる。毎日同じことをしているのだから、身につかないはずがない。応援してくれる人いるから私は1人じゃないし、絶対頑張る。

第4章 コーチと選手のメンタルトレーニング

ワークシート 23　自分をタフにするためのメンタルトレーニング

プログラム作成シート〜5ステップドリル〜

1	目標設定	
2	リラクセーション	
3	集中力トレーニング	
4	イメージトレーニング	
5	セルフトーク	

2．試合に向けての準備をする

1）心・技・体の総合的な準備
　試合で実力を発揮するには体力・技術だけではなく「心」が大切になってくる。
心の準備をすることで試合に入りやすくなる。

ワークシート 24　試合までのカウントダウン

令和　　年　　月　　日

チェックリスト

～選手が心の準備をするために、何をしておくべきかを列挙したもの～	チェック
ミーティング、食べ物、体のケア、着替え等試合前の一連の活動について、きちんとスケジュールを立てている。	
練習前の活動についても同様に、きちんとスケジュールを立てている。	
試合に対して自分なりの準備ができるように、余裕を持った"自由な"時間を取っている。	
ある競技動作の自分なりのルーティンをつくりあげるようにしている。	
ウォーミングアップが正しくできるようにしっかりと準備している。	
チームの士気が上がるように、試合前にチームメイトと励まし合っている。	
試合前の選手のやる気や自信が高まり、リラックスしつつも燃えてくるように、お互いに適切な言葉をかけ合っている。	

　チェックが多ければ多いほど試合前のカウントダウンがスムーズにいき、試合でより良いパフォーマンスを発揮できる。大切な試合のために意識を高めていくことが重要である。

メ　モ

第4章　コーチと選手のメンタルトレーニング

ワークシート 25　心の澄まし（記入例）

令和　　年　　月　　日　・大会名　　　　　　　　　　・成績

試合前（当日の試合直前まで）

「こころ」の状態はどうでしたか？
・ものすごく緊張していた。 ・考えすぎていた。 ・うまくいくのか心配だった。

「からだ」の状態はどうでしたか？
・体が軽く良いコンディションだった。 ・前日眠れなかったので、体が重かった。

試合中

「こころ」の状態はどうでしたか？
・気持ちすべてがこの一試合に集中していた。 ・良いイメージが浮かんできた。 ・最高のプレイのイメージが常に持てた。

「からだ」の状態はどうでしたか？
・体が軽く、疲れなかった。 ・よく足が動いていた。

試合後

「こころ」の状態はどうでしたか？
・勝ったので、とても自信にあふれていた。 ・達成感に溢れていた。 ・成長を実感できていた。

「からだ」の状態はどうでしたか？
・相手とぶつかったので、腰が痛い。 ・まだまだ動ける状態だった。 ・力を出し切ったので、疲れ果てた。

ワークシート 25　心の澄まし

令和　　年　　月　　日　　・大会名　　　　　　　　・成績

試合前（当日の試合直前まで）

「こころ」の状態はどうでしたか？

「からだ」の状態はどうでしたか？

試合中

「こころ」の状態はどうでしたか？

「からだ」の状態はどうでしたか？

試合後

「こころ」の状態はどうでしたか？

「からだ」の状態はどうでしたか？

第 4 章　コーチと選手のメンタルトレーニング

2）心の澄まし

コラム 9　心の準備

---

1. 試合でうまくこころの調整をしたい SMART の法則

「ゾーンに入ろう！」

自分の競技・種目の特性や、自分自身の個性などを考慮して、理想的な緊張・興奮状態（ゾーン）に持っていく。「目標設定の際に一番注意しなければいけないのは、できる限り具体的な目標設定を心がけるという点である。」

2. 緊張・不安・プレッシャーに打ち勝ちたい！

超一流と言われるイチロー選手でさえも、思うような成績が残せなかった時期に、「プレッシャーで吐き気がした」と述べている。緊張をいかに良い緊張感にして自分のものにできるかが最高のパフォーマンスの発揮につながる。

3. 試合での集中力を高めたい！

自分の集中を妨げる要因のうち、自分でコントロールできることとできないことに分ける。例えば、「自分のリズム」などはコントロールできる。一方で、「天候」などはコントロールできない。変えられないのは切り捨て、コントロールできる部分に焦点を当てて、対策を考える。

4. 思い切ったプレイをしたい！

消極的な気持ちの原因には、「失敗を恐れる」「1 つのことにこだわってしまう」などがある。試合が始まる前にはらを決めて、迷いなくプレイできるかが勝負である。

5. 自信をもって試合に臨みたい！

試合をするうえで自信があれば落ち着いてプレイできます。そのためにプラス思考やセルフトークを実践してみる。試合前の準備が大切である。

6. 自分に有利な流れをつくりたい！

試合の流れはほぼ次の 3 つの要素で決まる。①試合会場の気候や観衆の質　②試合中の選手（自分・相手）の考えや行動　③チームの雰囲気

7. けがや体調を崩したときのこころの対処法！

けがや体調を崩しても試合は待ってはくれない。まずは医師に相談して、適切な治療や処置をしてもらうことが重要だが、心理的にできる工夫もある。メンタルトレーニングを行い、自分が納得する試合の運び・準備を行っていく。

参考・引用文献

　国立スポーツ科学センター（JISS）スポーツ科学研究部心理グループ（2008）メンタルの壺

127

コラム 10　アスリートセンタード・コーチング（Athlete Centered Coaching）

スポーツを行うのはアスリート自身であり、主役はアスリートである。アスリートが主体性を持ってスポーツに取り組めるように支えていこうという考え方をアスリートセンタードという。アスリートセンタードを推進するためには、指導者は自律支援行動を意識していく必要がある。

アスリートセンタードを意識したトランポリンナショナルチームのミーティング

自律支援行動とは？
① 　ルールや制限の中で選択肢を与える。
② 　意思決定ができること。決断力。
③ 　アスリートが主体的かつ自主的に行動する機会を与える

問題・課題
(1) コートで成功するための5つのCは何を示すのか説明しなさい。
(2) コーチの役割について説明しなさい。
(3) コーチング力を高めるためには何をすればよいか説明しなさい。
(4) コーチと選手の　コミュニケーション能力を高めるためにはどうすればよいか説明しなさい。
(5) ピンクの像のことを考えるなとはどのようなことか説明しなさい。
(6) サンドイッチアプローチの流れについて述べなさい。
(7) チームとしてのまとまりを高めるための課題凝集性、社会的凝集性について説明しなさい。
(8) リーダーシップについて、チームの文化に影響を与える5つのアプローチについて述べなさい。
(9) 選手、キャプテンのリーダーシップとは何か説明しなさい。
(10) 競技力を高めるためになぜ練習と試合を尊重させなければならないのか説明しなさい。
(11) 競技的なタフさを養うために何をするか述べなさい。
(12) 試合に向けての準備のために、心の気づき、からだの気づきで何をすべきか、それはなぜかを述べなさい。
(13) 試合では「心の澄まし」がなぜ大切なのか述べなさい。

終章　新たなステップ

1．5ステップからさらなる強い自分を目指して
　　～一つひとつしっかりステップアップしていこう！～

　5ステップは人生をプログラムしなおすためのステップでもある！
人生はサイクルである。

　1．日々の行い（日々の練習）　2．考える　3．準備する
　4．やってみる　5．反省する

　このサイクル自体は完結することがない。選手が何かに挑戦（チャレンジ）しつづける限り、何度も何度も回りつづける。しっかりステップアップし、積み重ねることが大切である。つまり、卓越性の追求が重要となる。

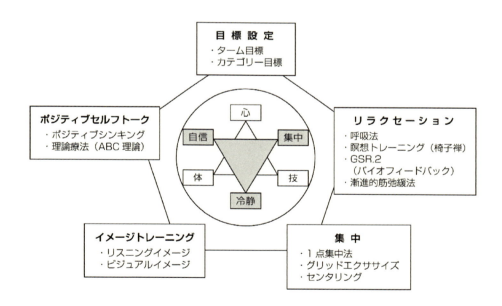

図終－1　ライフサイクルの中で自分を磨く5ステップ

２．個人的な心理的スキルトレーニング（Psychological Skill Training）

（以下、個人的 PST と省略）

ステージ１	自分の課題を見つけよう ・自分の弱点、課題は何か見つける ・問題解決の方法を学び、課題解決能力を高める
ステージ２	問題を明確にする
ステージ３	原因を探る
ステージ４	様々な解決方法を考え、検討し、選択する
ステージ５	実行し、結果を評価する

問題・課題

(1) メンタルトレーニングの５ステップについて説明しなさい。

(2) メンタルトレーニングの指導上の注意点を挙げなさい。

(3) もしあなたがメンタルトレーニングをするとしたらどんな種目を対象に、どんな内容にするか述べなさい。

(4) あなたにとってメンタルトレーニングとは何か説明しなさい。

3．ラウンド１からラウンド２へステップアップ

　ラウンド１では５ステップ、自己分析・自己評価、個人的PSTを実施する。その後、自分をさらにステップアップさせるため、ラウンド２として、５ステップ、自己分析・自己評価、個人的PSTを引き続き実施。

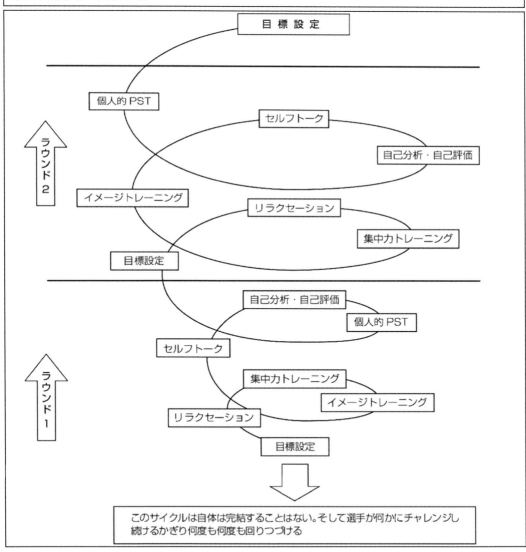

・ライフサイクル

アメリカの発達心理学者エリクソン夫婦は、人間の成長を9段階に分けて考えた。

									老年的超越性
老衰期									
老年期 Ⅷ								統合 対 絶望、嫌悪 知恵 (Wisdom)	
成人期 Ⅶ							世代性（生殖性）対 停滞 世話 (care)		
前成人期Ⅵ						親密 対 孤立 愛 (love)			
青年期 Ⅴ					同一性 対 同一性混乱 中性 (fidelity)				
学童期 Ⅳ				勤勉性 対 劣等感 有能 (competence)					
遊戯期 Ⅲ			自主性 対 罪悪感 目的 (purpose)						
幼児期初期Ⅱ		自律性 対 恥、嫌悪 意思 (will)							
乳児期 Ⅰ	基本的信頼 対 基本的不信 希望 (hope)								

図終－2　発達段階の系列　改変

［出典：E.H.エリクソン、村瀬孝雄・近藤邦夫訳、ライフサイクル，その完結（1989）］

1：乳児期（0〜1歳半）

2：幼児期（1歳半〜3歳）

3：児童期（4〜6歳）

4：学童期（7〜12歳）

5：思春期・青年期（13〜20歳）

6：成人期（21〜30歳）

7：壮年期（31〜65歳）

8：老年期（66〜75歳）

9：老衰期（76歳〜）

思春期・青年期

「自我の統合性」と「絶望」という要素が対立する。

この時期には、今までの人生を振り返り、良いことも悪いことも含めて私というものや、私の歩んだ人生を受け入れていくことになる。

成人期

これから訪れるであろう死や、今までの自分を受け入れていくことと、次の世代に関心をもって生き続けることが、「自我の統合性がとれた状態」ということができるのか。

逆にそれができない場合、絶望の淵に陥ることになるかもしれない。

壮年期

「老年期」を、老衰や衰退といったマイナス要素のみで受け入れていくか、それとも、そういった要素もあるものの、「円熟」や「英知」、「智慧」や「成熟」といったプラス要素も含めて受け入れていくか。それはそれまでを如何に生きたかということにも関連してくるのかもしれない。

老年期

この段階に限らず、前の段階を十分に生きる事ができていなかったなら、それまでを振り返って、それを補うだけの生き方をしたり、再確立したり（あるいは、そのために壊したり）、そうしながら、良いも悪いも含めて受け容れられればいい話である。

そして、人生の最終段階で、「自我の統合性」が「絶望」に勝っていればいいのだと考える。

老衰期

魂と身体の両面の生気と芸術性、そして、「葛藤」を通じて発生する「跳躍」が、死の恐怖を乗り越える大きな「跳躍」を連想させるからのようである。つまり、今までの人生で「葛藤」を体験しそれを「跳躍」することで、死への恐怖を超越する段階だといえる。

4．自己理解　～新たなステップ～

メンタルトレーニング開始～

ワークシート 26　自己評価（記入例）

令和　　年　　月　　日

・目標設定は達成できたのか、良かった点、悪かった点を書いてみる。

【良かった点】

・目標を設定したことで、具体的な課題が発見できた。

・短期目標を達成することができた。

【悪かった点】

・中期目標が達成できなかったので、自分ができるレベルの目標を立てようと思った。

・生活面の目標設定で達成できなかった部分があった。

・DIPCA.3 の結果から、自分を分析してみる。（良い点・悪い点）

【良かった点】

・自己コントロール能力が高かったのでこれからも持続していきたい。

・一回目よりも二回目のほうが図は大きく、全体的に因子が伸びていた。

【悪かった点】

・勝利意欲と判断力が一回目最も低かったので日頃から勝利を意識しようと思う。

・精神面が弱いので、耐える力を鍛えていきたい。

・PPI の結果から、自分を分析してみる。（良い点・悪い点）

【良かった点】

・イメージ力が良くなっていたのでプレイに幅が出た気がする。

・二回目で意欲が伸びていた。

【悪かった点】

・集中力が低くなってしまったので、集中力トレーニングをしようと思う。

・自信がないので、自信をつけるために練習に集中したい。

・POMS の結果から、自分を分析してみる。（良い点・悪い点）

【良かった点】

・活動性が高い数値を示した。

・怒りが低くなっていた。あるがまま感じることが大切。

【悪かった点】

・疲労が高かったので、活動を有意義にして疲労を減らしていきたい。

・緊張が高かったので、リラクセーションを行って緊張を和らげる。

終章　新たなステップ

ワークシート 26　自己評価

令和　　年　　月　　日

・目標設定は達成できたのか、良かった点、悪かった点を書いてみる。

【良かった点】

【悪かった点】

・DIPCA.3 の結果から、自分を分析してみる。（良い点・悪い点）

【良かった点】

【悪かった点】

・PPI の結果から、自分を分析してみる。（良い点・悪い点）

【良かった点】

【悪かった点】

・POMS の結果から、自分を分析してみる。（良い点・悪い点）

【良かった点】

【悪かった点】

5．新たな旅立ち

ワークシート27　人生の目標設定（記入例）

令和　　年　　月　　日

1）1人の人間として最終的に達成したい夢や目標は何か。または、どのような人生を送りたいのか？

- ・誰かの役に立てる仕事につき、充実した日を送る。
- ・諦めない、後悔のない人生にする。
- ・多くの人に頼られる人間になる。
- ・最後まで選手として活躍する。

2）自己分析

①目標を達成する中で障害になっているものは何だろうか。

　また、どのような困難・障害があるだろうか。

- ・練習時間がうまく取れない。
- ・本当に誰かの役に立てるか。
- ・自分にあった仕事に就けるか。
- ・生きがいがみつからない。
- ・マイナス思考になる。
- ・自信がなくなる。
- ・本当に自分のやりたいことが出来るか。

②身体面（フィジカル）

- ・休めるときに休む。
- ・お風呂にゆっくりつかる。
- ・早寝早起きを徹底するように心がける。
- ・食事をしっかり摂り、栄養のバランスを考える。
- ・ストレッチ等ケアを大切にし、ケガをしないようにする。
- ・できるだけ休養を取り、疲労回復を行う。
- ・オンとオフの切り替えをしっかりする。

③精神面（メンタル）

- ・定期的に運動するように心がける。
- ・気分がよくなるような歌を聴く。
- ・心にゆとりを持つため、自分の時間を作る。
- ・親しい人と会話をしてリフレッシュする。
- ・我慢をしすぎない。

終章　新たなステップ

３）先に挙げた障害を具体的な目標という形で列挙してみる。

①私の短期目標（複数可）

・興味を持ったものについて調べる習慣をつける。

・基礎基本をしっかり整える。

・人にすぐ頼ろうとしないで、自分で出来ることはやる。

・早寝早起きをする。

②私の中期目標（複数可）

・積極的に行動する。

・１人の人間として成長する。

・リーグで優勝する。

・技術を自分のものにする。

③私の長期目標（複数可）

・自分をありのままに受け入れる。

・全国大会で優勝する。

・レギュラーになる。

・判断力のある行動をする。

４）それぞれの目標を成し遂げるために自分は何をしないといけないかを具
　　体的に考える。

・自立し、何事も行動に移す積極性を身に付けていく。

・失敗を気にせずによい経験をする。

・毎日の練習を怠らずにプレイの質を高める。

・精神的に強くなること。

・いろいろな人の話を聞いて、世界観を広げる。

・体調管理のため、バランスの良い食事や生活習慣を確立する。

・余裕のある行動を心がける。

ワークシート 27　人生の目標設定

令和　　年　　月　　日

1）1人の人間として最終的に達成したい夢や目標は何か。または、どのような人生を送りたいのか？

2）自己分析

①目標を達成する中で障害になっているものは何だろうか。
　　また、どのような困難・障害があるだろうか。

・
・
・
・
・
・

②身体面（フィジカル）

・
・
・
・
・
・

③精神面（メンタル）

・
・
・
・
・
・

終章　新たなステップ

３）先に挙げた障害を具体的な目標という形で列挙してみる。

①私の短期目標（複数可）
・
・
・
・

②私の中期目標（複数可）
・
・
・
・

③私の長期目標（複数可）
・
・
・
・

４）それぞれの目標を成し遂げるために自分は何をしないといけないかを具体的に考える。
・
・
・
・
・
・

　あなたはイメージした通りの人生を送ることができるのだろうか。正確に目標を把握し、なりたい自分になれるように努力すること。

付　　録

PPI

The Psychological Performance Inventory

氏名＿＿＿＿＿＿＿＿＿＿＿＿　所属名＿＿＿＿＿＿＿＿＿＿　性別　男　・　女

年齢＿＿＿＿＿歳　学年＿＿＿＿年　　　　　　実施日　平成＿＿＿年＿＿＿月＿＿＿日

1つ1つの質問について、5つの項目（A：非常によく、B：よく、C：ときどき、D：まれに、E：ほとんどない）から、自分に最も適したものを選び、1つに○をつけて下さい。

	非常によく	よく	ときどき	まれに	ほとんどない
1.　私はプレーヤーとしての自分を勝者よりどちらかというと敗者として捉えがちである。	A	B	C	D	E
2.　試合中、緊張しすぎて身体が思うように動かないことがある。	A	B	C	D	E
3.　試合中、重要な場面であっても、常にプレーに集中している。	A	B	C	D	E
4.　最高のプレーをしている自分を思い描くことがある。	A	B	C	D	E
5.　プレーヤーとして、常に自分の最大限の力を発揮しようとしている。	A	B	C	D	E
6.　朝起きると、試合やプレーにわくわくする。	A	B	C	D	E
7.　どのような試合でも積極的に精一杯プレーしようと努める。	A	B	C	D	E
8.　プレーヤーとしての自分にとても自信を持っている。	A	B	C	D	E
9.　試合中は、常に、冷静に、かつリラックスしている。	A	B	C	D	E
10.　自分がプレーしている時、他人が自分のプレーについてどう思っているか非常に気になる。	A	B	C	D	E
11.　頭の中でプレーを正しく再生することができる。	A	B	C	D	E
12.　なぜ辛い練習をしなければならないのか、という葛藤を味わうことがある。	A	B	C	D	E
13.　試合や練習中、常にエネルギッシュでいられる。	A	B	C	D	E
14.　どのような状況においても、ベストを尽くせる。	A	B	C	D	E
15.　プレーヤーとしての自分に誇りを持っている。	A	B	C	D	E
16.　試合中にカッとなりやすい。	A	B	C	D	E
17.　プレー中、過去の失敗や逃したチャンスを思い出すことがある。	A	B	C	D	E
18.　プレーをする前に自分で作戦を立てて、実際に頭の中などで練習することがある。	A	B	C	D	E
19.　自分が上達するためでも、厳しい練習にはやる気が起こってこないことがある。	A	B	C	D	E
20.　試合中、情勢が不利になると簡単にギブアップしてしまう。	A	B	C	D	E
21.　私は、全ての責任が自分にあって誰も非難したくないと思う。	A	B	C	D	E
22.　プレーヤーとしての自分を信頼している。	A	B	C	D	E
23.　試合中、ピンチになるとかえって興奮する。	A	B	C	D	E
24.　ピンチになると、状況判断ができなくなることがある。	A	B	C	D	E
25.　私は、プレーを頭の中で繰り返し練習することがよくある。	A	B	C	D	E
26.　プレーヤーとしての潜在能力を充分に引き出すためなら、どんな努力でもする。	A	B	C	D	E
27.　プレーをすることは、本当に楽しく満足感がある。	A	B	C	D	E
28.　失敗を大目に見ることができない。	A	B	C	D	E
29.　自分を勝者として想像することは、難しいことである。	A	B	C	D	E
30.　試合などで情勢が悪くなればなるほど、うまくプレーすることができる。	A	B	C	D	E
31.　試合中に勝敗のことが気になる。	A	B	C ·	D	E
32.　試合前にピンチの状態を思い浮かべ、乗り切る方法を考える。	A	B	C	D	E
33.　一生懸命練習するのにと、人に言われなくても自分でやる気をもって努力している。	A	B	C	D	E
34.　自分のしている競技が本当に楽しい。	A	B	C	D	E
35.　100％努力をしないと、絶対に満足できない。	A	B	C	D	E
36.　自分の持っている才能や技術レベルを発揮したプレーができる。	A	B	C	D	E
37.　試合中、ピンチになると、ひどく不安に襲われることがある。	A	B	C	D	E
38.　試合中、頭が混乱し、集中できないことがある。	A	B	C	D	E
39.　ミスを犯しても、冷静に分析し、対処することができる。	A	B	C	D	E
40.　プレーヤーとして、自分の立てた目標に向かって、どんな厳しい練習にも耐えていくことができる。	A	B	C	D	E
41.　ピンチになると、強気でぶつかっていくというより、むしろ恐ろしくて弱腰になりがちである。	A	B	C	D	E
42.　私は、いつでも、自分の最大限の力を発揮しようとしている。	A	B	C	D	E

付　録

PPI 自己診断表

氏名：　　　　　　　　実施日：令和　　年　　月　　日

P1	P2	P3	P4	P5	P6	P7
[1]	[2]	3	4	5	6	7
8	9	[10]	11	[12]	13	14
15	[16]	[17]	18	[19]	[20]	21
22	23	[24]	25	26	27	[28]
[29]	30	[31]	32	33	34	35
36	[37]	[38]	39	40	[41]	42
計						

※　A→5点　B→4点　C→3点　D→2点　E→1点（□は逆。A→1点　B→2点　C→3点　D→4点　E→5点）

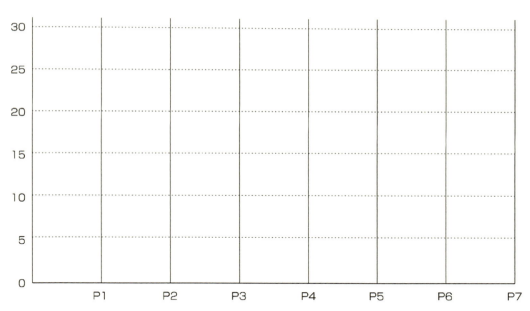

≪因子内容≫

P1：自信 …………… 自分を信頼し、自らの能力を信じる気持ち
P2：不安耐性 ……… 試合中の恐怖感や緊張を取り除き、落ち着いてプレイができる力
P3：集中力 ………… 試合中、プレイに意識を集中し続ける力
P4：イメージ力 …… 良いプレイをしている自分の姿を思い描くことができる力
P5：意欲 …………… 厳しい練習でも技術向上のために努力しようとする力
P6：積極性 ………… 前向きな姿勢でプレイに取り組むことができる力
P7：心構え ………… いつでも最大限の力が発揮できる心構えができている状態

POMS

POMSテスト

氏名 ＿＿＿＿＿＿＿　性別　男・女　年齢　　歳　　　平成　　年　月　日実施

今現在のあなたの心の状態を最もよく表わしていると思われる番号の下の□を黒く塗りつぶして下さい。
番号は各々、次のような意味を表わします。

0・・・全くそんなことはない　　　1・・・全くないとは言えない　　　2・・・なんとも言えない
3・・・その傾向が強い　　　　　　4・・・全くその通りだ

	0 1 2 3 4		0 1 2 3 4
1. 他人に対して友好的だ	□ □ □ □ □	34. 興奮しやすい	□ □ □ □ □
2. 精神的に緊張している	□ □ □ □ □	35. 孤独だ	□ □ □ □ □
3. 怒っている	□ □ □ □ □	36. 惨めだ	□ □ □ □ □
4. 疲れきっている	□ □ □ □ □	37. 頭が混乱している	□ □ □ □ □
5. 不幸せな気分だ	□ □ □ □ □	38. 陽気だ	□ □ □ □ □
6. 頭が冴えている	□ □ □ □ □	39. 苦い経験をした	□ □ □ □ □
7. いきいきしている	□ □ □ □ □	40. 力尽きてしまった	□ □ □ □ □
8. 気持ちが混乱している	□ □ □ □ □	41. 心配事がある	□ □ □ □ □
9. ヘマをやったと後悔している	□ □ □ □ □	42. 攻撃的である	□ □ □ □ □
10. 心が揺れ動いている	□ □ □ □ □	43. 心穏やかである	□ □ □ □ □
11. 物事に気乗りがしない	□ □ □ □ □	44. ふさぎこんでいる	□ □ □ □ □
12. 人のことでイライラしている	□ □ □ □ □	45. 絶望的な気分だ	□ □ □ □ □
13. 人に親切だ	□ □ □ □ □	46. 無気力で怠けている	□ □ □ □ □
14. 悲しい気分だ	□ □ □ □ □	47. 反抗的だ	□ □ □ □ □
15. 活動的だ	□ □ □ □ □	48. 自分ではどうしようもない	□ □ □ □ □
16. 神経質だ	□ □ □ □ □	49. 疲労困ぱいしている	□ □ □ □ □
17. 人にむっつりしている	□ □ □ □ □	50. うろたえている	□ □ □ □ □
18. 気が滅入っている	□ □ □ □ □	51. 気が充実している	□ □ □ □ □
19. 精力的である	□ □ □ □ □	52. だまされている気がする	□ □ □ □ □
20. あわてふためいている	□ □ □ □ □	53. 怒りくるっている	□ □ □ □ □
21. 失望している	□ □ □ □ □	54. 自分を有能だと思う	□ □ □ □ □
22. ゆったりした気分だ	□ □ □ □ □	55. 物事を信じやすい	□ □ □ □ □
23. 自分をとりえのない人間だと思う	□ □ □ □ □	56. 活気にあふれている	□ □ □ □ □
24. 意地が悪い	□ □ □ □ □	57. 人に気難しい	□ □ □ □ □
25. 思いやりがある	□ □ □ □ □	58. 自分を役立たずと思う	□ □ □ □ □
26. 不安だ	□ □ □ □ □	59. 忘れっぽい	□ □ □ □ □
27. 落ち着きがない	□ □ □ □ □	60. 心配事がない	□ □ □ □ □
28. 物事に集中できない	□ □ □ □ □	61. 大変おびえている	□ □ □ □ □
29. 疲れている	□ □ □ □ □	62. 罪悪感がある	□ □ □ □ □
30. 役にたっている	□ □ □ □ □	63. 元気旺盛だ	□ □ □ □ □
31. 他人に悩まされている	□ □ □ □ □	64. 万事に確信が持てない	□ □ □ □ □
32. やる気をなくしている	□ □ □ □ □	65. ヘトヘトにくたびれている	□ □ □ □ □
33. 憤慨している	□ □ □ □ □		

すべての項目に解答をお願いします。

ＰＯＭＳ採点表

ＰＯＭＳ採点表・プロフィール

被験者＿＿＿＿＿＿＿＿＿＿＿＿　　平成　　年　　月　　日実施

緊張	抑うつ		怒り		活動性	疲労	情報混乱
2	5	9	3	12	7	4	8
10	14	18	17	24	15	11	28
16	21	23	31	33	19	29	37
20	32	35	39	42	38	40	50
22 −	36	44	47	52	51	46	54 −
26	46	48	53	57	56	49	59
27	58	61	****	****	60	65	64
34	62	****	****	****	63	****	****
+4	小計	小計	小計	小計	****	****	+4
合計	合計		合計		合計	合計	合計

T Score	Ten 緊張	Dep 抑うつ	Ang 怒り	Vit 活動性	Fat 疲労	Con 情報混乱	T Score
	FACTION						
80			44 or 45	31 or 32			80
79			43				79
78			42	30			78
77			41	29			77
76		59 or 60	40				76
75		58	39	28			75
74		56 or 57	38	27	28		74
73		55	37			28	73
72		53 or 54	36	26	27	27	72
71		52	35	25	26		71
70	36	50 or 51	34		25	26	70
69	35	49	33	24		25	69
68	34	47 or 48	32	23	24		68
67	33	46	31		23	24	67
66		44 or 45	30	22	22	23	66
65	32	43	29	21			65
64	31	41 or 42	28		21	22	64
63	30	40	27	20	20	21	63
62	29	38 or 39	26	19	19		62
61	28	37	25			20	61
60	27	35 or 36	24	18	18	19	60
59	26	34	23	17	17		59
58	25	32 or 33	22		16	18	58
57		31	21	16		17	57
56	24	30	20	15	15		56
55	23	28 or 29	19		14	16	55
54	22	27	18	14	13	15	54
53	21	25 or 26	17	13			53
52	20	24	16		12	14	52
51	19	22 or 23	15	12	11	13	51
50	18	21	14	11	10		50
49		19 or 20	12 or 13			12	49
48	17	18	11	10	9	11	48
47	16	16 or 17	10	9	8		47
46	15	15	9		7	10	46
45	14	13 or 14	8	8		9	45
44	13	12	7	7	6		44
43	12	10 or 11	6		5	8	43
42	11	9	5	6	4	7	42
41		7 or 8	4	5			41
40	10	6	3		3	6	40
39	9	4 or 5	2	4	2	5	39
38	8	3	1	3	1		38
37	7	1 or 2	0		0	4	37
36	6	0		2		3	36
35	5			1		2	35
34	4						34
33				0		1	33
32	3					0	32
31	2						31
30	0 or 1						30

ＰＯＭＳプロフィール

グリッドエクササイズ

実施日：令和　　年　月　日

　下の２つの図の中には０から 99 までの数字がある。制限時間以内に指定された番号から順に数字を見つけてゆく。

64	33	79	6	81	46	19	57	75	37
44	87	20	73	16	90	32	88	11	45
10	62	85	42	98	58	95	1	66	18
52	38	26	0	53	9	43	74	39	83
28	76	70	4	31	47	94	21	99	56
91	3	23	96	12	92	30	97	71	17
49	84	77	59	89	82	60	86	50	34
78	14	68	27	63	25	54	2	93	65
29	69	8	48	41	72	35	13	40	5
22	61	36	55	15	7	80	67	24	51

―――――

46	89	20	73	31	64	10	95	24	75
93	27	96	53	5	85	57	36	0	15
13	86	7	78	45	12	76	54	47	63
74	19	99	50	28	97	69	18	90	6
66	37	41	1	71	22	4	51	29	81
32	11	82	60	35	94	61	39	14	40
92	55	98	17	80	9	87	70	56	83
3	88	42	77	43	84	44	2	62	23
68	52	21	8	72	38	26	91	30	48
25	79	58	34	49	65	16	59	33	67

―――――

引用・参考文献

－あ行－

猪飼道夫、石井喜八（1961）筋力の生理的限界と心理的限界の筋電図学的研究、*体育学研究5*、pp154-165

石井源信（2002）「注意集中法」「集中力のアップ」、日本スポーツ心理学会編：スポーツメンタルトレーニング教本、大修館書店

磯貝浩久（2004）スポーツにおける目標設定、日本スポーツ心理学会編：最新スポーツ心理学—その軌跡と展望—、大修館書店、pp45-54

石村宇佐一・北橋義仁・古　章子（1997）バスケットボール選手における心理的コンディショニングが競技成績に及ぼす影響、*金沢大学紀要　教育科学編*、*46*

石村宇佐一・古　章子（1998）トランポリン選手のメンタルトレーニングに関する縦断的研究—世界選手権出場選手3名の事例—、*金沢大学教育学部紀要*、*47*、pp193 - 201

石村宇佐一・古　章子（1999）バスケットボール選手における心理的スキルトレーニングの効果、*金沢大学教育学部紀要*、*48*、pp95-102

日本スポーツ心理学会編（2004）最新・スポーツ心理学—その軌跡と展望、大修館書店

伊藤豊彦（2000）スポーツにおける目標設定、杉原隆・船越正博・工藤高畿・中込四郎編：スポーツ心理学の世界、福村出版

市村操一（1993）トップアスリートのための心理学、同文書院

伊藤護朗(2004)イメージによるスポーツメンタルトレーニングの意義と実践に関する研究、*秋田論叢*、*Vol.20*、pp1-22

猪俣公宏（1997）メンタルマネジメント・マニュアル、大修館書店

岩崎健一・徳永幹雄・庭木守彦・橋本公雄（1987）スポーツ選手に対するメンタル・トレーニングの実施と効用性、*九州体育学研究*、*第1巻第1号*、pp23-35

内山喜久雄（1979）心の健康－自己コントロールの科学－、日本生産性本部

M・カーリンズ・L.M. アンドリュース著／平井　久他訳（1978）バイオフィードバック、白揚社、pp22-24

遠藤俊郎（1998）競技スポーツにおける目標設定、*体育の科学*、*Vol.48（5）*、pp377-380

岡沢祥訓（2001）メンタルトレーニングの方法論について、*中京大学体育学研究紀要*、*15*、pp111 - 123

岡浩一朗ほか（2002）自信向上のための認知的アプローチ、上田雅夫監修：スポーツ心理学ハンドブック、実務教育出版

岡澤祥訓（2002）目標設定法、日本スポーツ心理学会編：スポーツメンタルトレーニング教本、大修館書店

E, H, エリクソン著／村瀬孝雄、近藤邦夫訳（1989）ライフサイクル　その完結、みすず書房

－か行－

川喜多二郎（1967）発想法、中公新書

ガルウェイ，T. 著／後藤新弥訳（1983）インナーゲーム、日刊スポーツ出版社

国分康孝、国分久子（1984）カウンセリング Q&A 1、誠信書房

－さ行－

佐々木雄二（1982）自律訓練法の実際－心身の健康のために－、創元社

ジェイ・マイクス（Jay Mikes）著／石村宇佐一・鈴木　壮・吉澤洋二訳（1991）バスケットボールの
　メンタルトレーニング、大修館書店

下中直人（1981）心理学事典（初版 14 刷）、平凡社

ジム・レーヤー（James E. Loehr）著／小林信也訳（1987）メンタル・タフネス—勝つためのスポーツ
　科学、TBS ブリタニカ

ジョン・ジアニーニ（John Giannini）著／石村宇佐一・鈴木　壮訳（2012）バスケットボールの“コ
　ートセンス”—メンタルゲームを勝ち抜くために—、大修館書店、pp183-349

末松芳子（2000）5 つの診断　自分が見つかる ABCDE トレーニング、情報センター出版局、p2、pp93-
　102

杉原　隆（2003）運動指導の心理学運動指導の心理学、大修館書店

杉原　隆・藤巻君裕（1982）オリンピック強化指定選手心理調査の分析、*スポーツ医・科学研究報告集*、
　pp103 - 115

杉原　隆（1988）スポーツにおける精神集中、*臨床スポーツ医学, 5（11）*、pp1233 - 1239

杉原　隆（1996）体育・スポーツ指導における自信の高め方—目標設定を中心に—、*日本体育学会第 47
　回大会号*、p79

杉本　信・杉原　隆（1988）陸上長距離選手におけるメンタルトレーニングプログラムの有効性、*日本
　スポーツ心理学研究*、pp46 - 47

須田和也（2006）メンタルトレーニングの指導と目標設定、*トレーニングジャーナル, 7*、pp39-43

－た行－

竹中晃二・上地広昭（2002）身体運動・運動関連研究におけるセルフエフィカシー測定尺度、*体育学研
　究, 第 47 第 3 号*、pp209 - 229

竹中晃二（2002）継続は力なり－身体活動・運動アドヒレンスに果たすセルフエフィカシーの役割、*体
　育学研究, 第 47 第 3 号*、pp263 - 269

竹村　昭・丹羽劭昭（1967）運動部のモラールの研究、*体育学研究, 第 12 巻第 3 号*、pp77 - 83

土屋裕睦（2002）イメージ技法、日本スポーツ心理学会編：スポーツメンタルトレーニング教本、大修
　館書店

土屋裕睦・中込四郎（1996）ソーシャルサポートの活性化をねらいとしたチームビルディングの試み、
　スポーツ心理学研究, 第 23 巻第 1 号、pp35 - 47

徳永幹雄・橋本公雄（1984）皮膚温バイオフィードバックを利用したリラクセーション・トレーニング
　に関する研究、*スポーツ心理学研究, Vol.11 No.1*、pp74-76

引用・参考文献

徳永幹雄（1984）集中力トレーニング（集中をめぐる諸問題、体育心理学、専門分科会シンポジウム）、*日本体育学会大会号*、*35*、p25

徳永幹雄・橋本公雄（1985）競技不安に関する社会心理的研究―不安の心理・身体的要因及び対応策―、*日本体育学会*、*第36大会号A*、p160

徳永幹雄・山本勝昭・岡村豊太郎・庭木守彦・岩崎健一・橋本公雄・筒井清次郎（1986）バイオフィードバックとイメージトレーニングを利用したメンタルトレーニングの実施とその効果性、*昭和60年度日本体育協会スポーツ医・科学研究報告*、pp136-152

徳永幹雄・橋本公雄・高柳茂美（1989）スポーツ選手の心理的競技能力の診断に関する研究（2）―診断テストの適用―、*スポーツ心理学研究*、*Vol.16 No.1*、pp92-94

徳永幹雄・金崎良三（1990）スポーツ選手に対する心理的競技能力診断検査の開発、*デサントスポーツ科学*、*Vol.12*、pp178-181

徳永幹雄・橋本公雄（1993）九健式心理的競技能力診断検査（DIPCA.2）―手引き―、TOYOPHYSICAL

徳永幹雄（1996）ベストプレイのメンタルトレーニング、大修館書店

徳永幹雄・ロビン・S・ビーリー（2009）コーチングに役立つ実力発揮のメンタルトレーニング、大修館書店、pp193‐194

徳永幹雄（2003）改訂版ベストプレイへのメンタルトレーニング、大修館書店

徳永幹雄（2004）体育・スポーツの心理尺度、不昧堂出版

徳永幹雄・橋本公雄・有川秀之（1988）陸上短距離選手のメンタル・トレーニングに関する事例研究、*陸上競技紀要*、*第1巻*、pp48‐56

徳永幹雄（2002）自信を高めるためのトレーニング、日本スポーツ心理学会編：スポーツメンタルトレーニング教本、大修館書店

徳永幹雄編集（2005）教養としてのスポーツ心理学、大修館書店

－な行－

中込四郎・吉村功・岸順治（1988）剣道選手へのメンタルトレーニングに関する症例―Garfield の Peak Performance Training Program を用いて―、*スポーツ心理学研究*、*Vol.15 No.1*、pp50-53

中込四郎（1994）メンタルトレーニングワークブック、道和書院、pp9-20

中込四郎（1996）イメージがみえる、道和書院

中込四郎・猪俣公宏他（2002）メンタルトレーニング教本、大修館書店

中込四朗、山本裕二、伊藤豊彦共著（2007）スポーツ心理学　からだ・運動と心の接点、培風館

成瀬悟策（1998）自己コントロール法、誠信書房

ナサニエル・ブランデン（Nathaniel Branden）著／手塚郁恵訳（1992）自信を育てる心理学―セルフ・エスティーム入門―、春秋社

日本スポーツ心理学会編（2002）スポーツメンタルトレーニング教本、大修館書店

日本スポーツ心理学会資格認定委員会、日本スポーツメンタルトレーニング指導士会編者（2010）スポ

ーツメンタルトレーニング指導士活用ブック、ベースボールマガジン社

日本スポーツ心理学会編者（2008）スポーツ心理学事典、大修館書店

－は行－

橋本公雄・徳永幹雄・多々納秀雄・金崎良三（1987）スポーツ選手の競技不安に関する研究（2）―バ
　イオフィードバックトレーニングによる特性不安への影響について―、*健康科学、Vol.9*、pp89-96

橋本公雄（1993）バイオフィードバックトレーニングの展開、*体育の科学、Vol.43*、pp816-817

バンデュラ，A. 著／園田順一他訳（1985）自己効力感―行動変容の統一理論に対して―、*教育医学研
　究、第28巻*、pp42-47

フィル・カプラン（1999）ウィダー・メンタル・コンディショニング・バイブル、森永製菓健康事業部
　森永スポーツ＆フィットネスリサーチセンター、pp135-142

東根明人（2000）チームモチベーショントレーニング、*コーチング・クリニック、第14巻第3号*、pp6 - 10

－ま行－

マートン，R. 著／猪俣公宏監訳（1991）メンタルトレーニング、大修館書店

M. カーリンズ・L. M. アンドリュース著／平井　久他訳（1979）バイオフィードバック―心身コント
　ロールの現代、白揚社

松田岩男（1985）スポーツ選手のメンタルマネジメントに関する研究―第1報― Vol.1・2、*昭和60年
　度日本体育協会スポーツ医・科学研究報告 NO. Ⅲ*、pp1-209

松田岩男（1986）スポーツ選手のメンタルマネジメントに関する研究―第2報―、*昭和61年度日本体
　育協会スポーツ医・科学研究報告 NO. Ⅲ*、pp1-95

松田岩男（1987）スポーツ選手のメンタルマネジメントに関する研究―第3報―、*昭和62年度日本体
　育協会スポーツ医・科学研究報告 NO. Ⅲ*、pp1-120

松田岩男（1988）スポーツ選手のメンタルマネジメントに関する研究―第4報―」、*昭和63年度日本体
　育協会スポーツ医・科学研究報告 NO. Ⅲ*、pp1-95

－ら行－

レイナー・マートン著／大森俊夫、山田　茂訳（2013）スポーツ・コーチング学　指導理念からフィジ
　カルトレーニングまで、西村書店

－わ行－

ワインバーグ，R. S.（Robert S. Weinberg）著／海野　孝他訳（1992）テニスのメンタルトレーニング、
　大修館書店

ワレン・デシサッピ・ドライデン著／菅沼憲治監訳／日本論理療法学会訳（2004）論理療法トレーニン
　グ―論理療法士になるために、東京図書

索　引

［ア行］

ABC 理論 ……………………… 79

ABCDE 理論 …………………… 79, 80

怒り ……………………………… 26

イメージトレーニング ………… 71

［カ行］

活動性 …………………………… 26

課題凝集性 ……………………… 112

カテゴリ目標 …………………… 38

緊張 ……………………………… 26

クラスター分析 ………………… 71

グリッドエクササイズ ………… 63

呼吸法 …………………………… 47

心の澄まし ……………………… 127

個人的な心理的スキルトレーニング … 130

コーチの指導スタイル ………… 101

Coachability …………………… 100

Communication ………………… 104

Cohesion ………………………… 111

Capacity to Lead ……………… 113

Competitiveness ………………… 116

［サ行］

サイキングアップ ……………… 61

再焦点化 ………………………… 15

サンドイッチアプローチ ……… 105

GSR2 ……………………………… 58

自己成就的予言 ……………… 13, 106

自己分析 ……………………… 15, 131

自己評価 ………………………… 131

自信 ……………………………… 13

James E.Loehr（ジム・レーヤー）… 15

社会的凝集性 …………………… 113

集中 …………………………… 10, 66

受動的傾聴と積極的傾聴 ……… 107

集中力トレーニング …………… 63

情緒混乱 ………………………… 26

人生の目標設定 ………………… 136

STAI（特性不安検査）………… 60

STAGE 1
　自分の呼吸を観察する―自分に気づく― … 48

STAGE 2
　今ここに「現在、この瞬間にいること」… 50

STAGE 3
　裸の音　―あるがままの音― …………… 52

STAGE 4
　丁寧に断る―キャッチ・アンド・リリース― … 54

STAGE 5
　安らいでいて、しかも研ぎ澄まされている・56

セルフトーク …………………… 78

全習法と分習法 ………………… 119

漸進的筋弛緩法 ………………… 59

センタリング …………………… 65

ソフトセンタリング …………… 65

［タ行］

ターム目標 ……………………… 38

注意 ……………………………… 66

DIPCA.3 ………………………… 24

闘争―逃避 ……………………… 12

［ナ行］

ネガティブ ……………………… 13

認知的再構成 …………………… 120

［ハ行］

ハーディネス …………………… 4

バイオフィードバック ………… 58

ビジュアルイメージ …………… 74

疲労 …………………………………… 26

非論理的思考反論の手引書 …………… 84

ピンクの象 ……………………………… 104

PPI（The Psychological Performance
Inventory）………………………… 16

ファインセンタリング ………………… 65

フラストレーション …………………… 12

ポジティブ ……………………………… 13

ポジティブセルフトーク…………… 78, 84

POMS（Profile of Mood States）…… 26

[マ行]

McNair, M. P（マックネイアー）…… 26

瞑想法 …………………………………… 47

メンタルトレーニング ………………… 7

　　　 ―の意義 ……………………… 7

　　　 ―の目的 ……………………… 7

　　　 ―の歴史　日本 ……………… 9

　　　 ―の歴史　世界 ……………… 8

メンタルヘルス ………………………… 2

目標設定 ………………………………… 37

[ヤ行]

ヤントラ ………………………………… 63

抑うつ ……………………………… 12, 26

4つの集中 ……………………………… 66

[ラ行]

ライフサイクル ………………………… 132

リスニングイメージ …………………… 75

リラクセーション ……………………… 47

冷静 ……………………………………… 11

レジリエンス …………………………… 4

老年期 …………………………………… 133

老衰期 …………………………………… 133

[ワ行]

YG 性格検査（性格理解）…………… 34, 35

あとがき

このたび『メンタルトレーニングの基礎～不測の事態に備える～』を第2版に更新することになった。メンタルトレーニング論を指導して40年以上の歳月が流れた。金沢大学のキャンパスはまだ城内にあり、教育学部は木造の校舎であった。メンタル・タフネス論の指導は、だだっ広い教室でストーブを囲み、学生にジム・レーアー（James E Loehr）の『エクセレンス（Excellence）』の講読を行ったのが始まりであった。

メンタルトレーニングとは「自ら考え、決断し、行動する」という理念のもと、そのためにいろいろ模索しながらメンタルトレーニングモデルを構築してきた。現在は心技体を高めるひとつである心を強化する集中、冷静、自信の3要素を鍛える5ステップエクササイズ（1．目標設定　2．リラクセーション　3．集中　4．イメージトレーニング　5．ポジティブセルフトーク）に拡大している状態である。思い返すと、アメリカでボランティアアシスタントコーチとしてカニシャス大学のバスケットボールオフィスで過ごした一シーズン、ヘッドコーチ、ニック・マカーチック（Nick Macarchuk）の私への教え「決して出来ないと言うな、挑戦せよ！」の言葉がその後の私の行動の原点となっている。

これまで日本のスポーツマンにとってメンタルトレーニングというと、私自身そうだったのだが、アメリカやヨーロッパのメンタルトレーニングを導入する傾向が強かった。しかし今後は、日本のスポーツマンの競技力向上のために日本の選手にあったメンタルトレーニングの領域を開拓していきたい。他国のメンタルトレーニングの流れに翻弄されることなく、日本の選手にあったメンタルトレーニングを自分にできるやり方で精一杯やり続けていきたいと思う。

本書を刊行するまでには多くの学生の協力があった。このメンタルトレーニングパッケージの検討は、古章子選手（トランポリン競技選手、シドニーオリンピック6位入賞）の心理スキルトレーニングと心理サポートから始まった。古選手は「チャンピオンになりたいならチャンピオンのようにふるまえ」という私の教えのもと、学生時代に全日本選手権9連覇を成し遂げた。そしてトランポリン初のオリンピック（シドニー）では最高のパフォーマンスを発揮し6位入賞。長年サポートしてきたメンタルトレーニングの効果が実証された。

加えて、金沢大学教育学部体育教室スポーツ心理学研究室の卒業生、金沢星稜大学人間科学部スポーツ学科スポーツ心理学研究室のゼミ生、院生の協力がなければ出来上がらなかった。末尾ながら、卒業生、ゼミ生に感謝し、心よりお礼申し上げたい。今回、改訂にあたっては金沢学院大学スポーツ健康学研究科の院生によって、より充実したものとなった。最後に、この著書の第2版刊行にあたり的確な助言と貴重な教示をいただきました。よき編集者は書き手である私達二人を育ててくれました。ふくろう出版　亀山裕幸氏に再度深く感謝申し上げます。

2024年8月19日

石村　宇佐一

丸山　章子

［編著者略歴］

石村　宇佐一（いしむら　うさいち）

1945 年　山口県生まれ。

1967 年　広島大学卒業。

1968 年　同大学教育専攻科修了。

1985 年　文部科学省在外研究員（Canisius college バスケットボールコーチングスタッフ）。

全日本学生バスケットボール連盟元理事。

北信越学生バスケットボール連盟元会長。

北信越学生バスケットボール連盟元理事長。

日本体育学会名誉会員　日本スポーツ心理学会名誉会員・日本コーチング学会会員。

金沢大学名誉教授。

金沢星稜大学教授

金沢学院大学大学院スポーツ健康学研究科教授。

スポーツメンタルトレーニング名誉指導士。（日本スポーツ心理学会　登録番号 0019）

丸山　章子（まるやま　あきこ）：旧姓　古（ふる）

1973 年　石川県生まれ。

1996 年　金沢大学教育学部卒業

1998 年　同大学大学院教育学研究科修了（教育学修士）

シドニーオリンピック　トランポリン競技第 6 位入賞

（公財）日本体操協会トランポリン強化本部女子本部長

金沢学院大学トランポリン部監督

金沢学院大学スポーツ科学部教授

JCOPY 〈(社)出版者著作権管理機構 委託出版物〉

本書の無断複写（電子化を含む）は著作権法上での例外を除き禁じられています。本書をコピーされる場合は、そのつど事前に(社)出版者著作権管理機構（電話 03-5244-5088、FAX 03-5244-5089、e-mail: info@jcopy.or.jp）の許諾を得てください。
また本書を代行業者等の第三者に依頼してスキャンやデジタル化することは、たとえ個人や家庭内での利用であっても著作権法上認められておりません。

メンタルトレーニングの基礎 第2版
〜今ここに全力を尽くす〜

2015 年 9 月 14 日　初版発行
2024 年 9 月 12 日　第 2 版発行

編 著 者　　石村　宇佐一

　　　　　　丸山　章子

発　　行　　ふくろう出版
　　　　　　〒700-0035　岡山市北区高柳西町 1-23
　　　　　　　　　　　　友野印刷ビル
　　　　　　TEL：086-255-2181
　　　　　　FAX：086-255-6324
　　　　　　http://www.296.jp
　　　　　　e-mail：info@296.jp
　　　　　　振替　01310-8-95147

イラスト　　二見華苗
印刷・製本　友野印刷株式会社
ISBN978-4-86186-924-2 C3011
©ISHIMURA Usaichi, MARUYAMA Akiko, 2024

定価は表紙に表示してあります。乱丁・落丁はお取り替えいたします。